T0128504

Printed in the United States
By Bookmasters

قوة التركيز
وتحسين الذاكرة

بسم الله الرحمن الرحيم

(.... إن الله لا يغير ما بقوم حتى يغيروا ما بأنفسهم

وإذا أراد الله بقوم سوءا فلا مرد له وما لهم من دونه من وال(11)

صدق الله العظيم

(الرعد: 11)

قال رسول الله صلى الله عليه وسلم:

«إن مما يلحق المؤمن من عمله وحسناته بعد موته، علماً علمه ونشره، وولداً صالحاً تركه، ومصحفاً ورثه، أو مسجداً بناه، أو بيتاً لابن السبيل بناه، أو نهراً أجراه، أو صدقة أخرجها من ماله في صحته وحياته، تلحقه من بعد موته»

صدق رسول الله

رواه ابن ماجه وصححه الألباني

قوة التركيز
وتحسين الذاكرة

تأليف

دكتور/ مدحت محمد أبو النصر

أستاذ تنمية وتنظيم المجتمع بجامعة حلـــوان
دكتوراه من جامعة Wales ببريطانيا
أستاذ زائر بجامعة C.W.R. بأمريكا
أستاذ معار بجامعة الإمارات العربية المتحدة (سابقاً)
رئيس قسم العلوم الإنسانية بكلية شرطة دبي (سابقاً)

الناشر
المجموعة العربية للتدريب والنشر

2012

فهرسة أثناء النشر إعداد إدارة الشئون الفنية – دار الكتب المصرية

أبو النصر، مدحت محمد

قوة التركيز وتحسين الذاكرة/ تأليف: مدحت أبو النصر

ط1ـ القاهرة: المجموعة العربية للتدريب والنشر

179 ص : 24x17 سم.

الترقيم الدولي : 978-977-6298-40-8

1- تقوية الذاكرة   أـ العنوان

ديوي: 153,122   رقم الإيداع : 2011/10660

حقوق الطبع محفوظة

الطبعة الأولى

2012

الناشر

المجموعة العربية للتدريب والنشر

8 أ شارع أحمد فخري – مدينة نصر – القاهرة – مصر

تليفاكس : 22759945 – 22739110 (00202)

الموقع الإلكتروني : www.arabgroup.net.eg

E-mail: info@arabgroup.net.eg

elarabgroup@yahoo.com

الإهداء

إلى كل من يعاني من التشتت وعدم التركيز نهدي له هذا الكتاب

ليساعده في تحسين الذاكرة وزيادة التركيز لديه.

شعار
هذا الكتاب

- **أعمل شيء واحد في الوقت الواحد.**
- **Do one Thing at a time**
- **أعط الأمور المهمة الانتباه والتركيز الكافيين.**
- **النوم أعظم غذاء على مائدة الحياة.**
- **القراءة باب المعرفة الذي لا يغلق.**

المحتويات

الذاكرة Memory هي مستودع يخزن فيه الفرد ما يمر به من مواقف وخبرات وتجارب وأسماء وأحداث.. والتذكر Remembering هي عملية استرجاع أو استدعاء هذه المعلومات من الذاكرة.

ويعتبر موضوع الذاكرة والتذكر من أهم الموضوعات التي تناولها علم النفس، حيث أثير الكثير من التساؤلات، وتم وضع العديد من الافتراضات المتعلقة بطبيعة الذاكرة وعملها وآليتها، لما لهذا الموضوع من تطبيقات في مجالات التعليم والتدريب والإدارة والطب والعلاج النفسي والعقلي..

لقد أثبتت الدراسات أن الإنسان صاحب الذاكرة العادية يستطيع أن يحمل داخل مخه مليون معلومة مثل الأسماء والأرقام.. ويرفع هذا الرقم ليصل إلى نحو عشرة ملايين معلومة لأصحاب القدرات الخاصة.

والنسيان Forgetting عكس التذكر، وهو عدم القدرة على تذكر المعلومات التي سبق أن تعلمها الإنسان. بينما التركيز Focusing هو أقصى درجات الانتباه، وهو القدرة على تجاهل كل ما يشتت الفكر ومتابعة الأمور المهمة فقط.

والكتاب الحالي يلقي الضوء على هذه المفاهيم الهامة وذلك بهدف:

1- إعطاء بعض المعلومات عن الذاكرة وأنواعها وكيفية توسيع مداها.

2- توفير بعض الإرشادات التي تساعدك على تحسين عملية التذكر.

3- شرح كيف أن النسيان نعمة ونقمة وأسبابه وكيف نقلل معدله.

4- تقديم بعض النصائح التي تساعدك في تقليل مشكلة التشتت وزيادة قوة التركيز لديك.

هذا ويمكن استخدام الكتاب لأغراض عديدة مثل:

● **التعلم الذاتي والدراسة الفردية:** فقد تم تصميم الكتاب ليمكنك من تعليم نفسك بنفسك.

● **البرامج التدريبية:** يمكن استخدام الكتاب كملف تدريبي يتم توزيعه على المتدربين في برنامج تدريبي حول موضوع الكتاب.

● **التدريب عن بعد:** يمكن إرسال الكتاب إلى هؤلاء الذين لا يتمكنون من حضور البرامج التدريبية.

ويشتمل الكتاب على عشرة فصول، هي كالتالي:

الفصل الأول   :   وظائف وأقسام العقل الإنساني.

الفصل الثاني   :   مفهوم وأهداف وأنماط التفكير الإنساني.

الفصل الثالث   :   الذاكرة: مخزن المعلومات والأحداث.

الفصل الرابع   :   التذكر: عملية الاسترجاع.

الفصل الخامس   :   النسيان: نعمة ونقمة.

الفصل السادس   :   وسائل توسيع الذاكرة وتقوية التذكر.

الفصل السابع   :   ماهية القراءة.

ولقد تمت الاستفادة في إعداد هذا الكتاب بأكثر من 114 مرجعاً عربياً و 68 مرجعاً أجنبياً بما يتيح للقارئ مساحة أوسع من المعرفة حول موضوع الكتاب.

هذا وندعو الـلـه العلي القدير أن يستفيد من هذا الكتاب كل من اهتم بقراءته.

والمؤلف يشكر الـلـه سبحانه وتعالى على توفيقه له في إعداد هذا الكتاب المتواضع الذي بلا شك به بعض النواقص، فالكمال لله وحده.

وبالله التوفيق،،

المؤلف

أ.د. مدحت محمد أبو النصر

القاهرة: 2009

الفصل الأول

وظائف وأقسام العقل الإنساني

أشتمل هذا الفصل على:

- **مخ الإنسان.**
- **العقل البشري.**
- **أقسام العقل البشري.**

الفصل الأول

1

وظائف وأقسام العقل الإنساني

مخ الإنسان:

يزن مخ Brain الإنسان حوالي واحد كيلو جرام، وموقعه داخل جمجمة الرأس ويتكون من خلايا صغيرة يبلغ عددها حوالي مائة بليون خلية عصبية، ولكل خلية مجموعة من المجسات وعلى كل مجس آلاف النتوءات، ويربط بين هذه الخلايا ما يقرب من مائة تريليون من الألياف العصبية، والتي تنساب منها الإشارات الحسية المختلفة.

وينقسم المخ إلى جهازين عصبيين أساسيين. الأول مسئول عن بعض أنواع السلوك مثل الشهية والرغبة الجنسية والدفاع عن النفس، وهذا الجهاز يشكل الشبكة التي تدير الجهاز الدوري والتنفسي والهضمي. ويقوم الجهاز العصبي الثاني بتلقي الإشارات التي يستقبلها الجسم من الخارج وينظم رد فعل الجسم حيالها. والجهازان مرتبطان ببعضهما حيث يتم التنسيق بين السلوك والظروف المحيطة، وهذا يشكل أول درجات التعلم لدى الإنسان.

ولا تتوقف درجة ذكاء الإنسان على عدد الخلايا الموجودة في المخ، بل على درجة التفاعل والارتباط ما بين مجسات الخلايا، فكل ارتباط بين مجسين يشكل طريقاً،

وتبعاً لعدد الطرق يتوقف مدى ذكاء الإنسان، أي أنه كلما زاد عدد الطرق ارتفع مستوى ذكاء الإنسان.

ومما لاشك فيه أن مخ الإنسان هو بمثابة مخزن هائل للمعلومات، إذ أنه يستطيع أن يستوعب أكثر من مليون بليون معلومة، وهذه في جملتها تعادل أطناناً من الكتب.

والنظرية السائدة حتى الآن هي أن المخ ليس إلا غابة هائلة من دوائر كهروكيميائية معقدة أشد التعقيد، فالمخ يستقبل كافة المعلومات من خلال الحواس الخمس التي تختلف في تعاملها مع ما يحيط بها من الأحداث والمؤثرات.

وبالرغم من معرفة بعض من أسرار المخ وقدرته على حفظ تلك المعلومات الهائلة، فإن الأسئلة التي لا تزال تجابه العلماء في كل لحظة: كيف يتم حفظ هذا الكم الهائل من الحروف والأعداد والصور والأشكال والأصوات والروائح والأحداث..؟ وكيف يتم ترتيبها؟ وكيف تتم صياغتها واستخراجها واستنباطها...؟

وبطبيعة الحال فإن تلك الأسئلة قد شكلت أمام العلماء أعظم التحديات عن كيفية قيام المخ بأداء كل هذه الوظائف.

فصا المخ البشري:

في عام 1981 حصل العالم روجر سبيري على جائزة نوبل لإثباته نظرية فصي المخ.

ومضمون هذه النظرية هو أن للمخ شطرين أو فصين، لكل منهما مجموعة من الوظائف المختلفة ولكنها متداخلة، وكل فص منهما متخصص في أنواع محددة من عمليات التفكير ومعظم الناس يستخدمون أحد الفصين أكثر من الآخر.

وكلا الفصين يتحكم في الحركات وغيرها التي يقوم بها الإنسان بصورة عكسية، بمعنى أن الفص الأيمن مسئول عن الأعضاء الموجودة في الجهة اليسرى من الإنسان، والعكس صحيح، فالفص الأيسر مسئول عن الأعضاء الموجودة في الجهة اليمنى من الإنسان. ونلاحظ هذه الظاهرة بوضوح فيمن يُصاب برأسه نتيجة حادث وقع له، فإذا كانت الإصابة على سبيل المثال في الجزء الأيمن من الجبهة ونتج عن ذلك خلل في خلايا الدماغ، فإن النتيجة هي ضعف ملحوظ في حركات اليد اليسرى والرجل اليسرى.

ويقوم الفص الأيسر بترتيب وإعداد عدة أعمال هي: النطق - الكلام - الكلمات - الأرقام - الترتيب والتحليل - الكتابة.

أما الفص الأيمن فيقوم بترتيب وإعداد الأعمال التالية: الألوان - الخيال - أحلام اليقظة - الأبعاد - الألحان والأصوات - الإبداع والابتكار.

وعلى سبيل المثال فإنك عندما تقوم بمراجعة دفتر الشيكات أو طباعة أحد التقارير أو عند تذكر الأسماء والمواعيد أو عند تحديد أهدافك.. فأنت تعتمد على الفص الأيسر من المخ.

بينما عندما تتذكر وجه أي شخص أو تندمج في الاستماع للشعر والغناء أو تستغرق في أحلام اليقظة.. فأنت تعتمد على الفص الأيمن من المخ. إن الأشخاص الذين يتغلب عندهم الفص الأيسر يفضلون التعامل مع الأرقام والحقائق والمنطق، لذلك فإذا أردت أن تؤثر عليهم فإن اتصالاتك معهم يجب أن تتضمن كمية كبيرة من الأرقام والحقائق.

المسقط العلوي للمخ البشري

شكل رقم (1)

وظائف فصا المخ البشري

أما الأشخاص الذين يتغلب عندهم الفص الأيمن فيفضلون التعامل مع التخيل والتصور الكلي للمواضيع. لذلك فإذا أردت أن تؤثر عليهم فإن اتصالاتك معهم يجب أن تركز على التصور المتكامل عن المشكلة أو الموضوع.

ولقد اكتشف روبرت أورنستاين من جامعة كاليفورنيا، أن الأشخاص المدربين على استخدام أحد نصفي المخ فقط كانوا غير قادرين نسبياً على استخدام النصف الآخر - حتى عندما كانوا بحاجة إلى هذه الوظائف. وعندما تم تنشيط النصف «الأضعف» وتشجيعه على العمل بالتعاون مع النصف الأول، ظهرت زيادة كبيرة في الكفاءة الكلية.

وفي التعليم يُفضل الأشخاص الذين يستخدمون الفص الأيسر من المخ مثل: العلوم والرياضيات والهندسة، بينما يفضل الأشخاص الذين يستخدمون الفص الأيمن من المخ مواد مثل التصميم والموسيقى والفن. في حين تقف مواد أخرى في منتصف الطريق مثل: التاريخ، فقد يروق لمستخدمي الفص الأيسر لأنه يقوم على حقائق وأحداث مرتبة، وقد يروق لمستخدمي الفص الأيمن لأن التاريخ يثير الخيال.

ويقول تد جارايت (T. Garight) في كتابه عن البرمجة اللغوية العصبية إن الحال نفسه ينطبق على الوظائف التي يمارسها الأشخاص، فإنه من الممكن عمل بعض التوقعات الصحيحة (وإن لم تكن صحيحة دائماً) ولذلك فإن وضع قائمة بالوظائف بناء على سيادة المخ قد تكون كالتالي:

● الفص الأيسر من المخ: مهندس/ محاسب/ مخطط/ مبرمج....
● الفص الأيمن من المخ: مصمم/ مصور/ ممثل/ مخرج/ مهندس ديكور/ مهندس معماري...

وللأسف فإن نظام التعليم في الوطن العربي لا يعطي الاهتمام الكافي لعمليات

ووظائف الفص الأيمن من المخ، ويهتم أكثر بعمليات ووظائف الفص الأيسر في المخ..

مخ الرجل ومخ المرأة:

وبالنسبة لمقارنة مخ الرجل بمخ المرأة، وجد أن حجم مخ الرجل يزيد في المتوسط بنسبة 15% عن مخ المرأة، ويؤدي هذا إلى اختلافهما في طرق التفكير والإدراك، حيث تتوجه النساء إلى الشمول والعموميات، في حين يميل الرجال إلى التخصص. يتحكم الجانب الأيسر من المخ في القدرات اللفظية والتعامل مع المعلومات الواردة إلى المخ والمنطق والتفكير المتسلسل، بالإضافة إلى الكلام والكتابة والقراءة. في حين يتحكم الجانب الأيمن بالمعلومات المتعلقة بالصور والأشكال والأنماط المختلفة. وتشير الأبحاث إلى أن التنسيق بين جانبي المخ يتم بصورة أعلى لدى النساء منه بين الرجال، في حين أن قدرة المخ على التخيل والتصور تكون أعلى لدى الذكور منها لدى الإناث. كما يتفوق الرجال في التنسيق بين حركة العينين واليدين، لذا فهم يتفوقون في الألعاب الرياضية. إلا أن النساء يتفوقن على الرجال في الرؤية في الظلام والقدرة على التمييز بين الأصوات والمهارات اللغوية واللفظية.

العقل البشري:

العقل Mind يعتبر بصفة عامة من أعظم نعم الله على الإنسان، إذ أنه مناط التكليف، وبه جعل الله الإنسان خليفته في الأرض وأكرم خلق الله - سبحانه - وهو أعظم النعم التي وهبها الله لإنسان، بشرط استعمال هذا العقل فيما فيه خيره وخير البشرية.

ومكان العقل هو المخ. والعقل نظام لصنع الأنماط أو القوالب Pattern Making

System ونظام المعلومات فيه يعمل لإيجاد الأنماط والتعرف عليها واسترجاعها كلما تطلب الموقف ذلك. كما يعمل العقل كنظام منظم ومصنف لذاته Self Organized System والمعلومات الداخل إليه تصنف وتنظم نفسها في أنماط أو في ملفات مثل ما يتم تقريباً في الحاسب الآلي.

وبصفة عامة فإن العقل هو كيان مجرد منظم للعمليات العقلية، ويتكون العقل من خلال التفاعل الاجتماعي مع الآخرين والبيئة المحيطة بالإنسان.

وللعقل وظائف عديدة نذكر منها:

1- التفكير.
2- الإدراك.
3- التحليل.
4- التنبؤ.
5- التخيل.
6- الابتكار.
7- التخزين.
8- التذكر.
9- النسيان.

وسوف نتناول وظيفة التفكير بشيء من التفصيل خلال الصفحات القليلة القادمة في نفس الفصل.

أقسام العقل البشري:

يمكن تقسيم العقل إلى قسمين هما: العقل الواعي والعقل اللاواعي.

والعقل الواعي Conscious أو الظاهر أو المدرك هو ذلك القسم في مخ الإنسان القادر على إدراك الزمان والمكان والأشخاص...

بينما العقل اللاواعي Unconscious Mind أو الباطن ليس لديه القدرة على إدراك الزمان والمكان والأشخاص.

والجدول التالي - كما قدمه لنا خالد محمد المدني - يقارن بين قسمي العقل كالتالي:

جدول رقم (1)

قسما العقل البشري

م	العقل الظاهر (الواعي)	العقل الباطن (اللاواعي)
1	هو الذي يقود أحاديثنا ورؤانا وافتراضاتنا وقناعتنا	هو الذي يصوغ حياتنا ومشاعرنا ونفسيتنا
2	يعمل في حالة اليقظة	يعمل في حالة اليقظة والنوم فهو يستمر ليلاً ونهاراً وبغض النظر عما يقوم به العقل الواعي
3	يتعلق بالموضوع والمنطق، ويدرك السبب والنتيجة، ويتلقى معلوماته عن طريق الحواس، ويقابلها بما هو مخزن في الدماغ من معلومات سابقة، فيحلل ويركب ويستنتج ويستقرئ.	يتعلق بالذات، أي بالعالم الداخلي للإنسان وهو لا يفهم المنطق ولا يميز بين الخطأ والصواب، إنما يعتبر كل ما لديه حقاً وصواباً ولا شيء غير ذلك.

4	هو الموجه والمرشد الذي يقبل الفكرة أو يرفضها، ويبرمج العقل اللاواعي.	هو المنفذ الذي يقوم بتحقيق ما أقره العقل الواعي، وهو طاقة محايدة يمكن أن تغير حياة الإنسان نحو الأفضل أو نحو الأسوأ، ويمكن أن يقود صاحبه إلى الخير أو إلى الشر، وكل ذلك يعتمد على ما يستقر فيه.
5	يدير 5-10% من وظائف الجسم.	يدير 90-95% من وظائف الجسم.
6	تركيزه محدود، يستوعب معلومات أقل من العقل اللاواعي.	يستوعب معلومات أكثر من العقل الواعي.
7	يفرق بين الحقيقة والخيال.	لا يفرق بين الحقيقة والخيال.

أسس برمجة العقل البشري:

يهتم علم البرمجة اللغوية العصبية بوضع أسس واضحة وبسيطة لبرمجة العقل البشري. ولقد حاول محمد عبد الغني هلال تحديد هذه الأسس كما هو موضح في الشكل التالي:

1	التراكم و النمو	تراكم المعلومات مرتبط بنموها، وليس بجمودها، فالحقيقة نسبية وليست مطلقة
2	تنظيم الفكر	تنظيم عملية الفكر من حيث إدخال المعلومات وتخزينها وتكويدها واستخدامها مع وضع نظام معياري للعمل.
3	البحث والتفكير	بداية مرحلة التفكير العقلي باستخدام قاعدة إحصائية لاستخدام عمليات التحليل والارتباط حتى يكون تشغيل العقل قوياً.
4	تكوين الأساس الفكري	إنشاء ملف رئيسي يجمع المفاهيم ويكون القاعدة التفكيرية التي يعممها على الأحداث والظواهر المكررة والمتشابهة ويسهل الاتصال بالآخرين.
5	الدقة والجودة	بناء معايير التفكير الأساسية لضمان حماية التفكير من الفيروسات وضمان مستوى أداء متميز من التفكير.

شكل رقم (2)

أسس برمجة العقل البشري

برمج عقلك بالتأكيدات الإيجابية:

من أجل برمجة عقلك بالتأكيدات الإيجابية فإنك - كما يشير إبراهيم الفقي - تحتاج إلى خمسة أشياء هي كالتالي:

1- يجب أن يكون التأكيد إيجابياً. لا تقل: « أنا لست رجل اتصال سيء »... إنما «أنا رجل اتصال متفوق».

2- يجب أن يكون تأكيدك في صيغة الزمن الحاضر. لا تقل: «سوف أصبح رجل اتصال بارع». هذا جيد إنما يفتقد التأثير.. بدلا منه قل: «إني رجل اتصال ماهر».

3- يجب أن تكون تأكيداتك موجزة. لا تقل جملاً طويلة، فضل الجملة المختصرة والمحددة والهادفة إلى غاية معينة.

4- يجب أن تصاحب تأكيداتك مشاعر قوية.. إذا قلت: «إني رجل اتصال ناجح» دون أن تشعر أو تؤمن بما تقول، فإن عقلك اللاواعي لن يتقبل هذا التصريح.

5- يجب تكرار تأكيداتك يومياً أو عدة مرات في اليوم. إذا اكتفيت بالتأكيد لمدة بضعة أيام أو من حين لآخر، سوف يكون تأكيدك ضعيف التأثير. من المهم التأكيد يومياً بكثرة وكلما أمكن ذلك.

ومن أمثلة التأكيدات الإيجابية التي يمكن أن تستعين بها في برمجة عقلك نذكر:

1- أؤمن بنفسي وأثق في قدراتي.

2- إنني قادر على النجاح بإذن اللـه.

3- يمكنني أن أكون متحدثاً لبقاً.

4- أستطيع أن أكون منصتاً جيداً وفعالاً.

5- أنا قادر على الاتصال بالآخرين بشكل ناجح.

6- يمكنني الابتسام بسهولة.

7- إنني أحب نفسي.

8- إنني قادر على حب الآخرين، لأن من بينهم من يستحق ذلك.

9- أكون سعيداً عندما أساعد الآخرين.

10- أحب العطاب دون انتظار المقابل من الناس.

11- يمكنني أن أتحكم في انفعالاتي.

12- أفكر قبل اتخاذ أي قرار.

13- لا أجد غضاضة في استشارة الآخرين في حالة الحيرة.

14- أستطيع تغيير العالم عن طريق تغيير نظرتي لهذا العالم.

ننصحك بقراءة هذه التأكيدات كل صباح لمواصلة برمجة عقلك اللاواعي؛ بذلك تبدأ يومك بطاقة إيجابية ومشاعر جيدة.

الفصل الثاني
مفهوم وأهداف وأنماط التفكير الإنساني

أشتمل هذا الفصل على:

- **مفهوم التفكير الإنساني.**
- **ما هي أهداف التفكير الإنساني ؟**
- **مظاهر التفكير.**
- **أخطاء في التفكير.**
- **أنماط التفكير .**

الفصل الثاني

2

مفهوم وأهداف وأنماط التفكير الإنساني

مفهوم التفكير الإنساني:

التفكير Thinking هو الوظيفة الرئيسية للعقل. وهو بدوره نعمة ميز اللـه بها الإنسان عن باقي الكائنات.

يعرف أحمد عزت راجح التفكير بأنه ذلك النشاط الذي يبذله الفرد ليحل به المشكلة التي تعترضه مهما كانت طبيعة هذا النشاط، سواء تطلب تفكيراً أكثر أم أقل، حسبما يكون الموقف أكثر أو أقل إشكالاً.

ويرى محمد جهاد جمل أن التفكير نشاط يستطيع به الفرد أن يفهم موضوعاً أو موقفاً معنياً أو على الأقل يفهم بعض مظاهر هذا الموقف أو ذلك الموضوع.

في ضوء ما سبق يمكن تعريف التفكير كالتالي:

1- التفكير عملية عقلية يقوم بها العقل عندما يواجه بموقف ما.

2- التفكير عملية استخدام العقل في محاولة لحل المشكلات التي تواجه الإنسان.

3- التفكير هو جمع المعلومات واستخدامها الاستخدام الأمثل في المواقف المختلفة.

4- التفكير هو التقصي المدروس للخبرة من أجل تحقيق هدف ما.

ما هي أهداف التفكير الإنساني؟

والإنسان يفكر لتحقيق أهداف عديدة نذكر منها:

1- الفهم.

2- التخطيط.

3- اتخاذ القرارات.

4- حل المشكلات.

5- الحكم على الأشياء.

6- القيام بعمل ما.

مظاهر التفكير:

يتخذ التفكير مظاهر متعددة منها الحكم Judging، والتجريد Abstractor، والتصور Conceiving، والاستدلال Reasoning، والتخيل Imagining، والتذكر Remembering، والتوقع Anticipating، ويبدو التفكير أيضاً في عملية حل المشكلات التي تعتمد أساساً على الأفكار أكثر من اعتمادها على الإدراك الحسي. ويشير بعضهم «إلى عملية التفكير أحياناً على أنها عملية داخلية أو كلام باطن، ويستخدم فيها الإنسان الرموز اللغوية والعددية» (عيسوي، 1948)، ولكن فريقاً من علماء النفس يقصرون التفكير على (التفكير الاستدلالي) وهو النشاط العقلي الذي يستهدف حل المشكلات Problem Solving أو الوصول إلى اتخاذ قرارات أو إصدار أحكام، ويبدو هذا على وجه الخصوص في التفكير المنطقي.

وسائل تنمية التفكير:

هناك وسائل عديدة لتنمية التفكير لدى الإنسان نذكر منها:

1- القراءة.
2- الملاحظة.
3- الإنصات.
4- الحوار.
5- الألغاز.

يقول غور فيدال مقولة مأثورة في هذا الشأن: «إن العقل الذي لا يغذي نفسه يتآكل».

أخطاء في التفكير:

يقع الإنسان في بعض الأخطاء الشائعة عندما يفكر في موضوع ما. من هذه الأخطاء الشائعة نذكر منها:

● التحيز وعدم الموضوعية.
● القفز إلى الحلول.
● الاستعجال في الحكم.
● النظرة الضيقة.
● النظرة الجزئية.
● الغرور.
● التطرف.
● اتخاذ القرارات بناء على معلومات ناقصة أو قديمة أو ثانوية.
● التعميم المتسرع.

● التبسيط المخل.
● الحجية الزائفة.

أساليب تعديل أخطاء التفكير:

هناك أساليب عديدة لتعديل أخطاء التفكير، نذكر منها على سبيل المثال:

● الوعي بالذات ومراقبتها.
● أسلوب الحوار مع النفس.
● إيجاد البدائل والحلول المناسبة التي على حل المشكلات.
● محاولة تجنب الوقوع في أخطاء التفكير.
● الإرشاد النفسي والاجتماعي والتربوي.
● التوجيه المباشر.
● إعطاء المعلومات اللازمة.
● تنمية البصيرة (التبصر).
● الحوافز الإيجابية عند عدم الوقوع في الأخطاء.
● الحوافز السلبية عند الوقوع في الأخطاء.

جدول رقم (2)

العوامل المساعدة والعوامل المثبطة للتفكير

العوامل المساعدة	العوامل المثبطة
● البحث عن عدة إجابات صحيحة محتملة.	● البحث عن الجواب الصحيح.
● التعامل مع المشكلة بثقة وتحد ي. ● تقبل الأخطاء على أساس كونها نتيجة ثانوية لعملية الابتكار.	● اعتبار عملية حل المشكلة عملاً خطيراً. ● تجنب الوقوع في الأخطاء.
● الحصول على المعلومات من مصادر مختلفة.	● طلب الأفكار من الخبراء فقط.
● احترام كل الأفكار بما فيها السخيفة والترحيب بالأفكار غير التقليدية.	● صرف النظر عن الأفكار السخيفة أو غير التقليدية.
● شعارك هنا لا يوجد مشكلة، إذاً هناك وقت لتحسين المنتجات أو الخدمات أو النظام باستمرار.	● شعارك هنا لا يوجد مشكلة، إذاً ليس هناك حاجة لعمل شيء.
● الاحتفاظ بـ «دفتر الملاحظات» لتسجيل الأفكار.	● عدم الاهتمام بحفظ وتسجيل الأفكار.
● التشاور مع الآخرين.	● عدم التشاور مع الآخرين.

أنماط التفكير:

للتفكير أنماط عديدة سوف نعرض في هذا الكتاب لبعضها كالتالي:

1- التفكير التحليلي والتفكير الابتكاري.

2- التفكير المنظم والتفكير النسقي والتفكير التنسيقي.

3- نمط التفكير المرئي أو السمعي أو الحسي.

4- التفكير العلمي والتفكير غير العلمي.

5- التفكير الفردي والجماعي.

6- التفكير الملموس والتفكير المجرد.

7- التفكير الإيجابي والتفكير السلبي.

8- التفكير المبني على الحقائق، والمرتكز على الشكل، والمرتكز على المشاعر، والمتجه إلى المستقبل.

التفكير التحليلي والتفكير الابتكاري:

التفكير التحليلي هو عمليات منطقية من الفكر، يعتمد على التحليل والترتيب وحساب الرياضيات. والتفكير التحليلي يبحث عن حل واحد صحيح للموقف أو المشكلة. والفص الأيسر من المخ هو المسئول عن هذا النوع من التفكير، بينما التفكير الابتكاري هو عمليات تحتاج إلى تصور وخيال وانطلاق فكري بلا قيود أو حدود. والتفكير الابتكاري يبحث عن حلول عديدة مبتكرة ليست مألوفة أو شائعة أو قديمة أو تقليدية. والفص الأيمن من المخ هو المسئول عن هذا النوع من التفكير.

التفكير المنظم والتفكير النسقي والتفكير التنسيقي:

يشرح أيمن عامر هذه الأنماط كالتالي:

يشير المفهوم الأول التفكير المنظم Systematic Thinking إلى أي نمط من أنماط التفكير نتعمد من خلاله تنظيم أفكارنا، بحيث لا نجعل تناولنا للمشكلات عشوائياً أو مشتتاً. وبالتالي فإن أي نمط من أنماط التفكير السابق ذكرها (سواء التفكير التحليلي أو الإبداعي أو الناقد أو أنواع التفكير المتصلة بعمليات حل المشكلات... إلخ) تمثل صوراً للتفكير المنظم.

أما الفروق بين النوعين الآخرين للتفكير (النسقي والتنسيقي):

فإن أولهما التفكير النسقي System Thinking يهتم بالتفاعل القائم بين أجزاء نسق واحد محدد (كالتفكير في العلاقات التي تربط بين أجزاء أحد أجهزة الجسم كالجهاز الهضمي مثلاً ببعضها بعضاً، أو مكونات النسق الذي ينظم العلاقات التي تربط بين العاملين داخل مصنع معين، أو العلاقات التي تربط بين أفراد طائفة معينة أو مواطني دولة معينة)، في حين يهتم الثاني التفكير التنسيقي Systemic بعلاقة النسق الواحد بباقي الأنساق المرتبطة به (كعلاقة الجهاز الهضمي بباقي أجهزة الجسم (الجهاز الدوري، والتنفسي... إلخ)، أو علاقة مصنع معين بباقي المصانع أو العلاقات التي تربط بين الطوائف المختلفة أو الدول المختلفة وبعضها بعضاً... إلخ) كما هو واضح أن تركيز التفكير على العلاقات المكونة لنسق بعينه، يعبر عنه بأنه نمط من أنماط التفكير النسقي، في حين أن التفكير فيما يربط أ:ثر من نسق بباقي الأنساق، يمثل مثالاً للتفكير التنسيقي.

ويتضح أهمية التفكير التنسيقي عند مناقشة كثير من قضايانا الاجتماعية، فتفكير المراهق في احتياجاته الخاصة دون أن يفكر في احتياجات الأسرة يعكس صورة من صور العجز عن التفكير التنسيقي، والتفكير في مصالحنا الوطنية دون الالتفات إلى مصالح الدول الأخرى التي تشاركنا قراراتنا الاستراتيجية يمثل خللاً في التفكير

التنسيقي، إلى آخره من مشكلات قد يقع فيها صاحب القرار نتيجة عجزه عن التفكير على نحق تنسيقي.

وتبين الأمثلة السابقة أن أهم ما يميز التفكير التنسيقي هو اعتماده على كل من التفكير التحليلي والتفكير التركيبي، والجمع بينهما معاً.

نمط التفكير المرئي والسمعي والحسي:

النمط المرئي للتفكير Visual :

يهتم بالصور والأشكال سواء في الماضي أو في الحاضر أو يتخيل الصور والأشكال في المستقبل...

النمط السمعي للتفكير Auditory:

يهتم بدراسة هل المشكلة لها صوت أو ضوضاء؟ وما هي أصوات أطراف المشكلة والمتأثرين بها؟ ودراسة خصائص هذه الأصوات من حيث النمط والدرجة والمستوى والنغمة. وتفسير هذه الخصائص.

النمط الحسي للتفكير Feeling:

يهتم بدراسة هل المشكلة لها رائحة أو طعم أو ملمس؟ ومستويات ذلك. وهل هي مقبولة أم لا؟. ويتمثل التفكير هنا في شكل أحاسيس والتي قد تكون مشاعر داخلية...

ومتى أدركت الفروق بين هذه الأنماط واستكشفت تلك الأنماط المفضلة لديك.. فسوف تستطيع أن تديرها بشكل أفضل.. وبالتالي:

● يزداد فهمك لنفسك..

● يزداد فهمك للآخرين..

● يزداد قدرتك في التأثير على الآخرين..

هذا ويمكن الاستفادة من هذه الأنماط الثلاثة في تحليل المشكلات الخاصة لديك أو مشكلات العمل التي تواجهك.

تقييم ذاتي

1- ما هو نمط التفكير الغالب لديك؟

      أ- المرئي   (   )

      ب- السمعي   (   )

      ج- الحسي   (   )

      د- أ+ب+ج   (   )

2- ما هي طبيعة الوظائف التي تناسب الأشخاص الذين يفضلون نمط التفكير المرئي؟

3- ما هي طبيعة الوظائف التي تناسب الأشخاص الذين يفضلون نمط التفكير السمعي؟

4- ما هي طبيعة الوظائف التي تناسب الأشخاص الذين يفضلون نمط التفكير الحسي؟

5- استرجاع النتائج الناجحة لأحد الاجتماعات التي حضرتها / أدرتها.

ما هو نمط تفكيرك لما استرجعته؟. هل هو صورة؟. هل تسمع صوتاً أو حديثاً؟

التفكير العلمي والتفكير غير العلمي:

التفكير العلمي يدور حول حقائق لها وجود حقيقي في حياة الفرد.. وهو يستخدم المنهج العلمي في الوصول إلى النتائج. وببساطة تتمثل خطوات المنهج العلمي في الآتي: الملاحظة/ تحديد مشكلة البحث/ وضع التساؤلات أو الفروض/ جمع البيانات/الإجابة عن التساؤلات أو اختبار الفروض/تحليل البيانات وتفسيرها/ الوصول إلى النتائج.

ويتصف التفكير العلمي بأنه تفكير منطقي Logical وتنبؤي (إثباتي) Predicate وانتقادي Critical. أما التفكير غير العلمي فهو عكس ذلك، بل أحياناً يكون خرافي Magical.

التفكير الفردي والتفكير الجماعي:

التفكير الفردي Individual Thinking: هو التفكير الذي يقوم به الفرد بمفرده، دون استشارة أحد.

وهذا النمط من التفكير يعتمد عليه الإنسان بشكل رئيسي في حياته وعمله لاتخاذ معظم القرارات المطلوبة منه. إلا أن هناك مواقف تواجه الإنسان سواء في حياته أو في عمله تتطلب منه استشارة الآخرين والتعاون معهم لاتخاذ القرارات المطلوبة منه. والقاعدة هنا «لا خاب من استشار».

أما التفكير الجماعي Group Thinking: فهو تفكير الجماعة والقاعدة هنا: «يد الله مع الجماعة» والتفكير الجماعي أفضل من التفكير الفردي في كثير من المواقف، من منطلق أن هناك أكثر من فرد يفكر، وأن كل فرد يرى جزءاً من الموضوع أو المشكلة، فتكون الرؤية أفضل والتفكير أرشد.

والإنجليز في الأمثال الشعبية يقولون: رؤوس كثيرة أفضل من واحدة Many heads are more better than one، وهناك مثل لاتيني يقول: العيون الكثيرة ترى ما لاتراه العين الواحدة. وهو يذكرنا بقول العرب المعاصرين: رأيان خير من رأي واحد.

ومع أن للتفكير الجماعي مميزات عديدة إلا أنه لا بد من التحذير من الانقياد الأعمى للجماعة وراء وجهة نظر القائد أو المدير أو الرئيس.

ويوضح دونالد ويز Donald Weiss ذلك بقوله: «إن المنظمات الفعالة عادة ما يحاول القائد فيها إيجاد سلوك عام من التفكير الجماعي، والذي يجمع مختلف أفراد الجماعة حول فكر واحد، وعادة ما يكون فكر قائد الجماعة. وقد يستخدم بعض القادة المتنورين الحكم بالأغلبية. والذي يبدو صالحاً في بعض الأوقات، ولكن عادة ما ينتهي الأمر بتحول العديد من هؤلاء الأشخاص إلى طغاة».

ولتجنب حكم الأغلبية أو التفكير الجماعي، يحاول القادة المؤثرون تشجيع الخلافات والنزاعات أو الاختلاف في الآراء، ثم بعد ذلك يسهلون الحصول على الإجماع. والقائد هنا يستخدم الإجماع في الرأي ليسمح للجماعة بالوصول إلى اتفاق حول الحلول البديلة للمشكلة.

التفكير الملموس والتفكير المجرد:

التفكير الملموس يدور حول موضوعات يراها الفرد ويسمعها ويلمسها. بينما التفكير المجرد يدور حول موضوعات غير محسوسة. وهذا النوع من التفكير يتميز به البالغون لأنه يدور حول المفاهيم المجردة مثل: التعاون والديمقراطية والحرية والمساواة..

التفكير الإيجابي والتفكير السلبي:

الإنسان قادر على أن يوجه تفكيره وجهة إيجابية أو سلبية، فعندما ينظر إلى الأمور والأشياء والناس المحيطين به نظرة عادلة ومتفائلة، مع محاولة التطوير والتحسين لنفسه ولأسرته ولعمله، بل ولمجتمعه، فإنه يفكر بإيجابية وله نظرة تقدمية، وفي هذا الشأن ننصحك بالآتي:

- اجعل عقلك يفكر بإيجابية ولا يعمل ضدك.
- استخدم كلمات إيجابية للتعبير عن مشاعرك وأفكارك.
- انظر للأشياء بإيجابية.
- اقنع نفسك بأنك قوي في كذا وضعيف في كذا، ولكنك سوف تتحسن في هذا الجانب إذا أردت ذلك.
- التفكير الإيجابي يركز على النجاح.
- التفكير الإيجابي لا يفكر بالفشل ولكنه يصر على الفوز.
- التفكير الإيجابي يتسم باليقظة.
- التفكير الإيجابي يهتم بالناس وبالأشياء.
- التفكير الإيجابي تفكير تفاؤلي.
- التفكير الإيجابي يساعد على تحقيق الأهداف.
- ابدأ بالممكن ولا تفكر في المستحيل.
- تخيل النجاح وتصور نفسك وأنت تجني ثماره.
- التفكير الإيجابي يؤدي إلى النجاح، بينما التفكير السلبي يؤدي إلى الفشل.

ويمكن عقد مقارنة بين الشخص الناجح والشخص الفاشل كما يلي:

جدول رقم (3)

مقارنة بين الشخص الناجح والشخص الفاشل

الشخص الناجح	الشخص الفاشل
- يفكر في الحل.	- يفكر في المشكلة.
- لا تنضب أفكاره.	- لا تنضب أعذاره.
- يساعد الآخرين.	- يتوقع المساعدة من الآخرين.
- يرى حلاً في كل مشكلة.	- يرى مشكلة في كل حل.
- يقول: الحل صعب لكنه ممكن.	- يقول: الحل ممكن لكنه صعب.
- يرى في العمل أملاً.	- يرى في العمل ألماً.
- لديه أحلام يحققها.	- لديه أوهام يبددها.

التفكير المبني على الحقائق، والمرتكز على الشكل، والمرتكز على المشاعر، والمتجه إلى المستقبل:

قسّم نيد هيرمان Ned Herman أنواع التفكير إلى أربعة أنواع هي كالتالي:

النوع «أ» : التفكير المبني على الحقائق:

الفرد الذي يفكر كثيراً بهذا الأسلوب سوف يبحث عن الحقائق. وعن المنطق الذي يربط هذه الحقائق معاً. وكما يقول نيد «هؤلاء الأشخاص يفضلون تبسيط الأشياء المعقدة، وتوضيح الأشياء الغامضة، وتحويل الأشياء المعوقة إلى أشياء فعالة ودافعة».

النوع «ب» : التفكير المرتكز على الشكل:

وهذا النوع من التفكير يشبه النوع «أ»، ولكنه أكثر تنظيماً، وتوجهاً نحو العمل واهتماماً بمضاعفة نجاحات الماضي. والأشخاص الذين ينجذبون بشكل طبيعي إلى هذا النوع من التفكير غالباً ما يحبون القواعد والقوانين، والأشياء الموثوق فيها والتي يمكن التنبؤ بنتائجها. والأشخاص الذين يستخدمون هذا الأسلوب في التفكير، مثلهم مثل الأشخاص الذين يستخدمون النوع السابق في التفكير، لا يستمتعون كثيراً بالعواطف أو البديهة.

النوع «ج» : التفكير المرتكز على المشاعر:

وهذا النوع من التفكير يختلف تماماً عن النوعين «أ» أو «ب». وهذا هو الأسلوب الذي يحتفي كثيراً بالعواطف، وبالأشخاص في أي موقف. والأشخاص الذين يميلون كثيراً إلى هذا النوع من التفكير يتحدثون عن المزاج، والجو، والموقف ومستويات الطاقة.

النوع «د» : التفكير المتجه إلى المستقبل:

الأسلوب «د» هو أسلوب الأشخاص الملهمين ذوي الرؤية المستقبلية. والأشخاص الذين يفكرون بهذا الأسلوب لا يجعلون الافتراضات والتوقعات تقيد تفكيرهم، ولا يضعون حدوداً تحد من إمكانياتهم. وقد لا تفهم الكثير مما يقوله الأشخاص الذين يتحدثون بهذا الأسلوب، ولكن عندما تدرك لمحة مما يرونه فإنها تكون في الغالب شيئاً مبتكراً، وبعيداً عن المألوف أيضاً.

فكر أولاً في نفسك. ما هو الأسلوب الذي تحبه أكثر من غيره من هذه الأساليب؟ فأسلوبك سوف يؤثر بشدة في كيفية أدائك لمهمة توثيق الخطة وكتابتها. لذا يجب عليك أن تتأكد من أنك لا تكتب شيئاً قد تعتقد أنه رائع وشديد الذكاء ولكنه قد

يكون غير مفهوم بالنسبة للآخرين لأن أسلوب تفكيرك يختلف عن أسلوب جمهورك. وإذا خيرت بين الكتابة بأسلوب ممتع بالنسبة لك، أو أسلوب يفهمه الآخرون، فعليك أن تختار الأسلوب الأخير دائماً.

فكر في فريق الإدارة. هل هناك أسلوب تفكير سائد لديهم؟ ما هو الأسلوب المناسب لأغلبية الأشخاص المسئولين عن إنجاز الأجزاء الكبرى من الخطة؟ وبعد أن قمت باختيار الأسلوب. إليك فيما يلي بعض الأفكار حول كيفية صياغة تقريرك.

أنماط عقليات البشر:

قسمت أفا بتلر Ava S. Butler في كتابها «تفكير الفريق» عقليات البشر تبعاً لصفاتهم إلى الأنماط التالية:

1- العقلية الرقمية:

الأشخاص الذين لديهم عقلية رقمية هم من يفكرون أفضل باستخدام الأرقام والحسابات، وينفرون من التفكير المجرد البحت. والمطلوب من يحسن التعامل مع هؤلاء أن يوفر لهم ما يحتاجونه من أرقام وإحصائيات ومقارنات ونسب.

2- العقلية البحتة أو النظرية:

الأشخاص الذين لديهم عقلية بحتة أو نظرية هم من يتوصلون إلى حلول أفضل إذا لم تثقلهم بالأرقام. ومن الأنسب على من يحسن التعامل معهم أن يستخدم الشرح النظري في النقاش أو الحوار معهم..

3- العقلية السمعية:

الأشخاص الذين لديهم عقلية سمعية هم من يحبون أن يسمعوا منك، ويهملون

ما يرسل إليهم من أوراق وتقارير. والمطلوب من يحسن التعامل معهم أن يتناقش ويتحاور معهم مباشرة.

4- العقلية البصرية:

الأشخاص الذين لديهم عقلية بصرية هم من يفضلون التعامل مع التقارير والأوراق المرسلة لهم أكثر من السماع، وهم يفكرون في الصور والأشكال والمجسمات وألوان الصور. وحتى يمكن الاستفادة من هؤلاء الأشخاص عليك أن توزع عليهم المستندات والبيانات الخاصة بالموضوع محل البحث، وأن يرفق أيضاً بعض الرسومات التوضيحية.

5- العقلية الحركية:

الأشخاص الذين لديهم عقلية حركية تهبط قدراتهم العقلية والبدنية نتيجة للجلوس دون حراك لفترات طويلة، فيشعرون بالملل والنعاس. لذلك عليك إذا اتصلت بهؤلاء الأشخاص أن تملأ المكان بالحركة والمشي.

استقصاء: هل تفكر بإيجابية؟

1- هل تفكر بإيجابية تجاه الحياة؟

نعم ☐   أحياناً ☐   لا ☐

2- هل تفكر بإيجابية تجاه المستقبل؟

نعم ☐   أحياناً ☐   لا ☐

3- هل تعمل جاهداً للتخطيط للمستقبل؟

نعم ☐   أحياناً ☐   لا ☐

4- هل تفكر بإيجابية تجاه عملك؟

نعم ☐   أحياناً ☐   لا ☐

5- هل تفكر في كيفية تحسين أدائك في العمل؟

نعم ☐   أحياناً ☐   لا ☐

6- هل تمتدح المؤسسة التي تعمل فيها؟

نعم ☐   أحياناً ☐   لا ☐

7- هل تمتدح العاملين في المؤسسة التي تعمل فيها؟

نعم ☐   أحياناً ☐   لا ☐

8- هل تبدو مثالاً ممتازاً للعاملين في المؤسسة التي تعمل فيها؟

نعم ☐   أحياناً ☐   لا ☐

9- هل تحصر على تقديم أفكار ومقترحات لتطوير المؤسسة التي تعمل فيها؟

نعم ☐   أحياناً ☐   لا ☐

10- هل تشجع الآخرين أكثر من الاعتراض أو النقد أو التذمر؟

نعم ☐   أحياناً ☐   لا ☐

11- هل تفكر بإيجابية تجاه أسرتك؟

نعم ☐   أحياناً ☐   لا ☐

12- هل تحاول باستمرار تحسين مستوى معيشة أسرتك؟

نعم ☐   أحياناً ☐   لا ☐

13- هل تعتبر مثالاً يحتذى به لأسرتك، وبخاصة الأطفال؟

نعم ☐   أحياناً ☐   لا ☐

14- هل تفكر بإيجابية تجاه نفسك؟

نعم ☐   أحياناً ☐   لا ☐

15- هل تحاول بشكل جاد تطوير نفسك؟

نعم ☐   أحياناً ☐   لا ☐

16- هل تفكر بإيجابية تجاه مجتمعك؟

نعم ☐   أحياناً ☐   لا ☐

17- هل شاركت كمتطوع في أي عمل عام أو خدمة للمجتمع؟

نعم ☐   أحياناً ☐   لا ☐

18- هل أخذت المبادرة مرة بعمل شيء لمصلحة الحي أو المنطقة التي تعيش فيها؟

نعم ☐   أحياناً ☐   لا ☐

19- هل تتحدث بشكل جيد عن جيرانك وأقاربك؟

نعم ☐   أحياناً ☐   لا ☐

التعليمات:

1- أعط لنفسك درجتان في حالة الإجابة بـ «نعم» ودرجة واحدة في حالة الإجابة بـ «أحياناً»، وصفراً في حالة الإجابة بـ «لا» عن كل الأسئلة.

2- اجمع جميع درجاتك عن جميع الأسئلة.

تفسير النتائج:

أ - إذا حصلت على 29 درجة فأكثر فأنت تفكر بإيجابية بشكل كبير. لك نظرة تقدمية وسليمة نحو نفسك وأسرتك وعملك ومجتمعك. ننصحك بأن تستمر على ما أنت فيه.

ب- إذا حصلت على 28 - 15 درجة، فأنت تفكر بإيجابية ولكن بدرجة متوسطة. لا بد من أن تعمم تفكيرك الإيجابي على كل مجالات الحياة. راجع الاستقصاء للتعرف إلى المجالات التي تنظر إليها بسلبية، حتى تحدث فيها التطوير المطلوب.

ج- إذا حصلت على 14 درجة فأقل، فأنت تفكر بسلبية، ونظرتك غير تقدمية وغير سليمة نحو نفسك وأسرتك وعملك ومجتمعك، أنت لا تثق في نفسك ولا تحب الآخرين.

ننصحك بأن تغير نظرتك وتفكيرك 180 درجة، فأنت تستحق الثقة، والآخرون يستحقون الحب، وتفكيرك أنت الذي تصنعه، فضعه في الاتجاه السليم، واجعله إيجابيا وإنسانيا.

خصص وقتا لمناقشة نفسك؛ لماذا أنت كذلك؟ كيف تصبح أفضل؟ تكلم مع أقرب الناس إليك ليساعدك على أن يكون تفكيرك إيجابياً.

الفصل الثالث

الذاكرة: مخزن المعلومات والأحداث

أشتمل هذا الفصل على:

- **الذاكرة.**
- **أنواع الذاكرة.**

الفصل الثالث

3

الذاكرة: مخزن المعلومات والأحداث

استقصاء: هل ذاكرتك قوية؟

الذاكرة Memory هي «مستودع» يخزن فيه الفرد ما يمر به من مواقف وخبرات وتجارب وأسماء وأحداث ... هي القدرة على تخزين المعلومات واسترجاعها مرة أخرى.

الذاكرة = تخزين + تذكر

- التخزين Storing هي عملية انتقاء المعلومات المهمة والضرورية، ثم الاحتفاظ بها في الذاكرة لاستخدامها في المستقبل.
- التذكر Remembering هي عملية استرجاع أو استدعاء هذه المعلومات من الذاكرة.

فالشخص يتذكر الصور المرئية التي شاهدها، والأصوات التي سمعها والروائح التي شمها، ويتذكر جدول الضرب أو قصيدة أو حادثة، أو موقفاً ساراً أو محزناً.

وعن الفوارق في الذاكرة بين الرجل والمرأة، فالنساء يتمتعن بذاكرة أفضل.

وحتى يمكن تقوية الذاكرة لدى الإنسان، ينصح بالآتي:

- إعطاء الأمور المهمة الانتباه والتركيز الكافيين، فتتم عملية التخزين بشكل جيد.
- محاولة عدم إرهاق العقل بالعمل أو بالدراسة لمدة طويلة.
- محاولة عقد علاقات ارتباط بين الأشياء المخزنة.
- تدوين المذكرات الكتابية.
- استخدام المفكرة السنوية Diary.
- ضرورة علاج الأمراض التي يعانى منها الإنسان.
- التغذية السليمة والمناسبة من حيث الكم والكيف، وبخاصة الخضراوات والفاكهة الطازجة والأسماك.
- النوم الكافي، حيث أنه يساعد المخ على استعادة المعلومات المخزنة وتقوية الذاكرة.

ولذلك أثبتت الدراسات أن الإنسان صاحب الذاكرة العادية يستطيع أن يحمل داخل مخه مليون معلومة مثل الأسماء والأرقام.. ويرتفع هذا الرقم ليصل إلى نحو عشرة ملايين معلومة لأصحاب القدرات الخاصة.

والنسيان عكس التذكر، وهو عدم القدرة على تذكر المعلومات التي سبق أن تعلمها الإنسان، إما لمشكلة ترجع في التخزين أو نتيجة كثرة المعلومات التي يتعرض لها (زيادة التحميل بالمعلومات) أو نتيجة مرض عضوي في المخ (مثل: الأورام أو ضعف خلايا المخ في المنطقة المسئولة عن التذكر)، أو في الجسم (مثل: الحميات وأمراض سوء التغذية والأنيميا)، أو بسبب مرض نفسي (مثل: الخوف المرضى والقلق المرضى)، أو مرض عقلي (مثل: الذهان والصرع وانفصام الشخصية)، أو لمعانة الشخص من أمراض الشيخوخة.

استقصاء

إذا أردت أن تعرف هل ذاكراتك قوية أم ضعيفة، ما عليك سوى الإجابة عن الأسئلة الآتية:

السؤال	الإجابة		
	نعم	أحياناً	لا
1- هل تعاني من الأرق ليلاً؟			
2- هل تعاني من أعرض مرض؟			
3- هل ترهق نفسك في العمل أو في الدراسة؟			
4- هل تعتبر غذاءك متوازناً؟			
5- هل تتناول وجبة الإفطار في الصباح؟			
6- هل تأخذ مذكرات كتابية للأمور المهمة؟			
7- هل تشترى أول كل سنة مفكرة سنوية؟			
8- عندما تشعر بالتعب، هل تأخذ فترة راحة؟			
9- هل تنام وقتاً كافياً بما يحقق الراحة لجسمك وعقلك؟			
10- هل تعطى الانتباه والتركيز الكافيين للأمور المهمة؟			
11- هل تنصت جيداً للآخرين؟			
12- عندما تقرأ، هل تقرأ بعمق؟			
13- هل تحصل على إجازات دورية كل فترة؟			
14- هل تنسى كثيراً من الأمور؟			

التعليمات:

1- أعط لنفسك درجتان في حالة الإجابة بـ لا، ودرجة واحدة في حالة الإجابة بـ أحياناً عن الأسئلة: 1 و 2 و 3 و 14.

2- أعط لنفسك درجتان في حالة الإجابة بـ بنعم، ودرجة واحدة في حالة الإجابة بـ أحياناً عن الأسئلة من 4 إلى 13.

تفسير النتائج:

أ- إذا حصلت على 20 درجة فأكثر فأنت شخص لديه ذاكرة قوية ومعدل النسيان لديك مناسب.

ب- إذا حصلت على 10 – 19 درجة فأنت شخص لديه ذاكرة متوسطة، تتذكر بعض الأمور وتنسى بعضها الآخر. يرجى قراءة الاستقصاء مرة أخرى، حتى تعرف أسباب ذلك.

ج- إذا حصلت على 9 درجات فأقل، فأنت شخص لديه ذاكرة ضعيفة، ومعدل النسيان لديك مرتفع. تواجه كثيراً من المشكلات جراء ذلك. ننصحك بأن تطبق النصائح التي ذكرت سابقاً، فتقوية الذاكرة تحتاج إلى التدريب والممارسة.

الذاكرة:

- هي سعة تخرين وحفظ المعلومات والخبرات والأحداث في عقل الإنسان.
- هي صندوق داخلي في عقل الإنسان يختزن المعلومات.
- هي تلقي التأثيرات الخارجية واكتساب المعلومات في منطقة معينة من عقل الإنسان.

أنواع الذاكرة :

في كتابه الهام «أسس علم النفس» حدد وليم جيمس نوعان للذاكرة، هما:

1- الذاكرة الأولية: وهى التي تنتمي إلى الحاضر السيكولوجي وتضم الخبرات الحالية، وسماها ذاكرة المدى القصير.

2- الذاكرة الثانوية: والتي هي أكثر دوما وسماها ذاكرة المدى الطويل.

أنواع الذاكرة (حسب مدة تخزين وحفظ المعلومات):

1- الذاكرة قصيرة المدى أو السريعة: يتم حفظ المعلومات لثواني ودقائق معدودة.

2- الذاكرة متوسطة المدى: يتم حفظ المعلومات لساعات وأيام.

3- الذاكرة طويلة المدى: يتم حفظ المعلومات لشهور وسنين حيث تبقى الخبرات الدائمة التي اكتسبها الفرد خلال فترات حياته فيها، وتكون الأحداث فيها غير مباشرة وبطيئة. ويميز علماء النفس المعرفيون بين ثلاث فئات من الذاكرة طويلة المدى هي: الدلالية والحديثة والإجرائية (والتي سيتم شرحهم لاحقاً).

أنواع الذاكرة (مباشرة وغير مباشرة):

1- الذاكرة المباشرة: وهى تذكر الخبرات الحالية بعد إدراكها وحفظها قبل أن يمر عليها وقت طويل.

2- الذاكرة غير المباشرة (المؤجلة): وهى التي مر عليها وقت طويل، والتى يتذكرها الإنسان بعد مدة كافية من الزمن.

أنواع الذاكرة حسب موضوعات التذكر:

1- ذاكرة الأعداد والأرقام.
2- ذاكرة الأشياء والموضوعات.
3- الذاكرة اللفظية (الكلمات والجمل).

وبصفة عامة نجد أن الإنسان يتذكر الأشياء والصور والأسماء المشخصة أكثر من تذكره للأعداد والأرقام والكلمات المجردة.

أنواع الذاكرة من وجهة نظر سبيرمان:

1- الذاكرة البصرية.
2- الذاكرة السمعية.
3- الذاكرة الحركية.

أنواع الذاكرة (حسب نوع الحاسة المستخدمة):

1- الذاكرة البصرية:

....

....

....

2- الذاكرة السمعية:

....

....

....

3- الذاكرة الشمية:
....
....
....

4- الذاكرة اللمسية:
....
....
....

5- الذاكرة التذوقية:
....
....
....

ويشرح كل من عبد المجيد أحمد منصور وزكريا أحمد الشربيني بعض أنواع الذاكرة - السابق ذكرها - بشيء من التفصيل كالتالي:

الذاكرة الحسية Sensory Memory:

تصطدم المثيرات البيئية مثل الأضواء والأصوات والروائح وغيرها باستمرار بالمستقبلات الحسية Sensory Receptors. وتسمى الذاكرة الحسية بالسجل الحسي Register Sensory أو مخزن المعلومات الحسية الذي يحتفظ بهذه الإحساسات لفترة قصيرة جداً.

وسعة الذاكرة الحسية كبيرة جداً، ولكن هذا الكم الهائل من المعلومات هش من حيث المدة الزمنية، إذ تبقى المعلومات في الذاكرة الحسية لفترة زمنية قصيرة جداً تتراوح ما بين 1-3 ثوان.

أي أن بقاء المدخل الحسي في الذاكرة الحسية يكون لفترة وجيزة جداً بعد اختفاء

المثير. أما بالنسبة لمحتوى الذاكرة الحسية فهو يشبه الإحساسات التي تأتي من المثيرات الأصلية. فالإحساسات البصرية يتم تخزينها بإيجاز بواسطة المسجل الحسي على شكل صورة تشبه الصور الفوتوغرافية. أما الإحساسات السمعية فيتم تخزينها على شكل أنماط صوتية. هكذا، فإن وفرة البيانات من الخبرات الحسية تبقى متوفرة في الذاكرة الحسية لثانية واحدة أو أكثر بقليل. في هذه اللحظات، تكون لدى الشخص فرصة لاختيار وتنظيم المعلومات لمعالجة لاحقة. ويلعب كل من الإدراك Perception والانتباه Attention دوراً هاماً في هذه المرحلة.

الذاكرة قصيرة المدى Short-Term Memory:

بعد أن يتم تحويل المدخلات البيئية إلى أنماط صوتية وسمعية أو أي نوع من الأنماط الحسية، وتحديد ما إذا كانت المعلومات جديرة بالاهتمام عندئذ تنتقل المعلومات من الذاكرة الحسية إلى الذاكرة قصيرة المدى.

وتتحدد سعة مخزون الذاكرة قصيرة المدى بعدد المعلومات التي يمكن التعامل معها في الوقت نفسه. ففي أحد المواقف التجريبية المعتمدة على نموذج معالجة المعلومات. اتضح بأن سعة هذا المخزون محددة بحوالي 5 إلى 9 وحدات مستقلة في الوقت نفسه أي بمتوسط 7 وحدات مثل رقم تليفون وحيد أو رقم الجلوس في امتحان.

إن مدة بقاء المعلومات في الذاكرة قصيرة المدى قصيرة تتراوح ما بين 20 إلى 30 ثانية في معظم الأوقات.

وأحياناً تعرف الذاكرة قصيرة المدى بالذاكرة العاملة Working Memory لأن مضمونها يتكون من معلومات نشطة (هو ما نفكر به في تلك اللحظة). وهذه المعلومات النشطة ربما تكون معرفة مستدعاة من الذاكرة طويلة المدى والتي نفكر

بها في الوقت الحالي أو شيئاً جديداً صادفنا في اللحظة الحالية، وفي بعض التجاوز يعتقد بعض علماء النفس بأن مصطلح الذاكرة العاملة مرادف لمفهوم الوعي أو الشعور Consciousness. وطبيعة المعلومات في الذاكرة قصيرة المدى ربما تكون على شكل صور تشبه الإدراكات في الذاكرة الحسية، أو تكون المعلومات منظمة بشكل تجريدي مبنيا على المعنى.

وبما أن المعلومات تكون قابلة للفقدان بسهولة في الذاكرة القصيرة المدى؛ لذا يجب أن تبقى منشطة من أجل الاحتفاظ بها. ويكون مستوى تنشيط المعلومات عالياً ما دمنا نقوم بالتركيز على المعلومات، وتتلاشى أو تتلف هذه المعلومات عندما يبتعد الانتباه عنها. وعندما يضعف التنشيط، يتبعه النسيان. ومن أجل استمرار المعلومات نشطة في مخزن الذاكرة قصيرة المدى لفترة تصل إلى 30 ثانية، يقوم معظم الناس بتسميع المعلومات ذهنياً.

ويوجد نوعان من التسميع Rehearsal هما: تسميع المحافظة Maintenance Rehearsal والتسميع الموضح Elaborative Rehearsal. ويتطلب تسميع المحافظة تكرار أو إعادة المعلومات في الذهن، فيمكن الاحتفاظ بالمعلومات في الذاكرة قصيرة المدى بشكل غير متناه. ويكون تسميع المحافظة مفيداً عند الرغبة بالاحتفاظ بشيء ما نخطط لاستخدامه مرة واحدة ثم نسيانه بعد ذلك مثل رقم هاتف. أما التسميع الموضح فهو يتطلب ربط المعلومات المراد تذكرها مع شيء معروف سابقاً ومخزون في الذاكرة طويلة المدى، مثل الربط بين أسرة شخص نقابله لأول مره وظاهرة ما وليس تكرار الاسم.

وهذا النوع من التسميع لا يحافظ على المعلومات في الذاكرة العاملة فقط، بل يساعد على نقل المعلومات من الذاكرة قصيرة المدى إلى الذاكرة طويلة المدى؛ لذا

تعتبر التسميع «عملية تحكم تنفيذية» Executive Control Process وتؤثر على سير المعلومات خلال نظام معالجة المعلومات.

كذلك يمكن التغلب على محدودية سعة الذاكرة قصيرة المدى بواسطة عملية تحكم تنفيذية أخرى تدعى التحزيم Chunking أي تجميع وحدات المعلومات التي يزيد عددها عن تسعة على شكل مجموعات أو حزم تمثل كل مجموعة أو حزمة منها وحدة واحدة.

على سبيل المثال، إذا أردنا أن نتذكر ستة أرقام (3، 5، 5، 7، 8، 4) فمن السهل علينا أن نضعها في ثلاث مجموعات أو حزم تضم رقمين لكل مجموعة (53، 75، 48) أو في مجموعتين تضم ثلاثة أرقام لكل مجموعة أو حزمة (553، 487) وبهذه التغييرات، يكون لدينا اثنتان أو ثلاث وحدات من المعلومات بدلا من الاحتفاظ بستة.

النسيان Forgetting:

قد تتلاشى المعلومات من الذاكرة قصيرة المدى إما نتيجة للتداخل Interference أو التلف Decay، فالتداخل ببساطة هو تذكر معلومات جديدة يتداخل أو يعترض طريق تذكر معلومات قديمة، فالفكرة الجديدة تحل محل الفكرة القديمة. فكلما تراكمت الأفكار الجديدة ترحل المعلومات القديمة من الذاكرة قصيرة المدى وتتلاشى. كما تتلاشى المعلومات من الذاكرة قصيرة المدى عن طريق التلف أي بمرور الزمن.

ويكون النسيان مفيدا جداً، فبدونه سيحمل الناس الذاكرة قصيرة المدى فوق طاقتها ويؤدي ذلك إلى انقطاع التعلم. كذلك قد تكون مشكلة إذا استطعنا التذكر بشكل دائم كل جملة قرأت من قبل.

الذاكرة طويلة المدى Long-Term Memory:

تحتفظ الذاكرة قصيرة المدى بالمعلومات النشطة أو المنشطة مثل رقم هاتف حصلنا عليه من الدليل، ونكون على وشك إجراء المكالمة. وتحتفظ الذاكرة طويلة المدى بالمعلومات التي سبق تعلمها جيدا مثل أرقام الهاتف التي نعرفها. فالمعلومات المتعلمة تكون على مستوى عال من قوة الذاكرة Memory Strength أو الديمومة Durability.

وتوجد عدة فروق بين الذاكرة قصيرة المدى والذاكرة طويلة المدى فتدخل المعلومات الذاكرة قصيرة المدى بشكل سريع. ويتطلب نقل المعلومات للذاكرة طويلة المدى وقتا أكثر ومقداراً من الجهد فبينما تكون سعة الذاكرة قصيرة المدى محدودة، تكون سعة الذاكرة طويلة المدى ولأسباب عملية غير محدودة، هذا بالإضافة إلى أن المعلومات التي تخزن في الذاكرة طويلة المدى تبقى بصورة دائمة (وفي الذاكرة القصيرة تبقى لمدة 20 - 30 ثانية).

وباستطاعتنا نظريا تذكر قدر ما نريد ولأي مدة زمنية نرغب.

وبالطبع تكون المشكلة هي إيجاد المعلومات المطلوبة عند الحاجة إليها في الذاكرة طويلة المدى. والوصول إلى المعلومات في الذاكرة قصيرة المدى فوري؛ لأن المعلومات في الذاكرة قصيرة المدى هي بعينها التي نفكر بها في تلك اللحظة. ولكن الوصول إلى المعلومات في الذاكرة طويلة المدى يتطلب وقتاً وجهداً كبيرين.

والمعلومات المخزونة في الذاكرة طويلة المدى تكون على شكل صور بصرية أو وحدات لفظية أو الاثنين معا. إن المعلومات المخزونة بشكل بصري ولفظي معا يسهل تذكرها. ولكن يؤكد النقاد لهذا النتائج أن طاقة الدماغ على تخزين جميع الصور الذهنية التي باستطاعتنا تخزينها غير كافية، فهم يقترحون أن كثيراً من الصور يمكن حفظها على شكل رموز لفظة ثم يتم ترجمتها إلى معلومات بصرية عند الحاجة.

ويميز علماء النفس المعرفيون بين ثلاث فئات من الذاكرة طويلة المدى هي(*): الدلالية Semantic، والحديثة Episodic، والإجرائية Procedural.

(1) الذاكرة الدلالية Semantic Memory:

الذاكرة الدلالية هي ذاكرة المعنى، وفيها يتم تخزين الذكريات على شكل افتراضات Propositions وصور ذهنية Images ومخططات عقلية Schemes.

(2) الذاكرة الحدثية Episodic Memory:

الذاكرة الحدثية هي ذاكرة المعلومات المرتبطة بمكان محدد، وخاصة معلومات أحداث الحياة الخاصة. تتبع الذاكرة الحدثية ترتيب الأشياء، فهي كذلك تعد مكاناً مناسباً للاحتفاظ بالنكات، والشائعات، والمواقف الحرجة. ويميز بين الذاكرة الدلالية والذاكرة الحدثية، فالذاكرة الدلالية تحتوي على عناصر المعرفة الأساسية في حين تتكون الذاكرة الحدثية من بعض هذه العناصر. والذاكرة الدلالية عبارة عن قاموس يحتوي على معان لجميع الكلمات والصور التي نعرفها. أما الذاكرة الحدثية فيمكن أن تكون مثل قصة أو فيلم تجمع هذه الكلمات والصور بطريقة معينة.

(3) الذاكرة الإجرائية Procedural Memory:

الذاكرة المختصة بكيفية عمل أو أداء الأشياء تسمى الذاكرة الإجرائية وربما يحتاج الناس وقتا طويلاً لتعلم إجراء ما مثل تعلم الأطفال استخدام الكمبيوتر، أو تعلم الطلبة تحليل المعادلات الرياضية أو تعلم الكبار قيادة السيارة. ولكن إذا حدث التعلم بالفعل، تبقى هذه المعرفة متوفرة لدى الإنسان وباستطاعته تذكرها لفترة زمنية طويلة.

(*) المصدر: عبد المجيد أحمد منصور وزكريا أحمد الشربيني (2005).

والذكريات الإجرائية يتم تمثيلها على شكل قواعد ظرفية للعمل Condition-Action Rules أو نتاجات Productions إذ تحدد النتاجات ما نفعله في ظروف أو مواقف معينة، فالنتاج يمكن أن يكون أحياناً على شكل «إذا كان هدفك زيادة انتباه الطلبة وإكسابهم مهارة كذا، فعليك أن تثني على سلوكهم الحسن» فكلما كان هناك تدريب وممارسة للنتاج يصبح الفعل أكثر آلية.

ويتبادر إلى الذهن السؤال: ماذا يتم بالفعل لحفظ المعلومات بشكل دائم لخلق ذاكرات إجرائية أو دلالية أو حدثية؟ كيف يمكننا استغلال طاقة ذاكرتنا؟

الطريقة التي نتعلم بها المعلومات في بادئ الأمر تعتمد على الطريقة التي نعالج بها تلك المعلومات والتي بدورها تؤثر في استدعائها لاحقاً. ومن أحد المتطلبات المهمة في عملية التخزين دمج المعلومات الجديدة مع المعلومات المخزونة سابقاً في الذاكرة طويلة المدى مثلما نبني معنى لها. ويلعب كل من التوضيح Elaboration، والتنظيم Organization، والسياق Context دوراً مهما في عملية التخزين.

والتوضيح هو إضافة معنى للمعلومات الجديدة من خلال ربطها بالمعرفة المخزونة سابقاً. فنحن نستخدم المعلومات القديمة لفهم المعلومات الجديدة. وبمعنى آخر، نقوم بتوظيف مخططاتنا من المعرفة السابقة لتكوين فهم للمعلومات الجديدة وربما قد تتغير معرفتنا السابقة أثناء هذه العملية.

إن المعلومات التي يتم توضيحها عند تعلمها لأول مرة تكون سهلة التذكر لاحقاً. إن التوضيح نوع من التسميع، وهو يجعل المعلومات نشطة في الذاكرة العاملة لفترة كافية لتكون هناك فرصة لتخزينها بشكل دائم في الذاكرة طويلة المدى. كما يعمل التوضيح على تشكل روابط إضافية للمعرفة المخزونة. فكلما كان هناك ترابط وثيق بين وحدة من المعلومات أو المعرفة ووحدات أخرى، تكون هناك

مسارات أكثر لإتباعها للوصول إلى المعلومات الأصلية. وكلما كانت التوضيحات دقيقة وحساسة يكون الاستدعاء أكثر سهولة.

التنظيم هو عنصر المعالجة الثاني الذي يحسن من التعلم. فالمادة المنظمة تكون سهلة التعلم والتذكر بأكثر من المعلومات المتناثرة والمبعثرة، وخاصة إذا كانت المعلومات معقدة أو مكثفة فيكون التنظيم أو البناء بمثابة موجه للمعلومات عند الحاجة إليها.

والسياق هو عنصر المعالجة الثالث الذي يؤثر في التعلم، فالمظاهر الفيزيقية والانفعالية للسياق كالمكان والمزاج والمشاعر يتم أيضا تعلمها مع المعلومات الأخرى. وبالتالي، إذا أردنا تذكر تلك المعلومات، سيكون من السهل تذكرها إذا كان السياق الراهن مشابها للسياق الأصلي.

وعندما نرغب في استخدام معلومات من الذاكرة طويلة المدى فيجب علينا البحث عنها. فأحياناً تكون عملية البحث شعورية، مثلا حين نرى شخصاً قابلناه من قبل فإننا نقوم بالبحث عن اسمه، وفي أحيان أخرى، يكون تحديد واستخدام معلومات من الذاكرة طويلة المدى آلياً مثل طلبك لرقم هاتف أو حلك لمسألة حسابية دون الحاجة للبحث عن كل خطوة لازمة.

ولنتخيل أن الذاكرة طويلة المدى رف واسع ملئ بالأدوات والمواد الخام جاهزة للطلب وللاستخدام على منصة الذاكرة العاملة عند إنجاز المهمة. فالرف (الذاكرة طويلة المدى) يحتفظ بكمية كبيرة ولكن قد يصعب إيجاد ما نبحث عنه بسرعة، والمنصة (الذاكرة العاملة) صغيرة ولكن أي شيء يكون عليها متوفرا بشكل فوري وبسبب صغرها، تتلاشى المواد (وحدات المعلومات) أحياناً عند تحميل المنصة (الذاكرة العاملة) فوق طاقتها.

إن حجم شبكة الذاكرة واسع، ولكن يكون جزء واحد منها نشطا في وقت

واحد. وتكون المعلومات التي نفكر بها بشكل راهن هي الموجودة في الذاكرة العاملة. ويتم استرجاع المعلومات من شبكة الذاكرة من خلال عملية انتشار أثر تنشيط معلومات مخزونة Spread of Activation فعندما يكون أحد الافتراضات أو الصور الذهنية نشطة (أي عندما نفكر بها) فإنه يمكن كذلك تنشيط المعرفة المرتبطة بها ارتباطا وثيقاً، ويمكن أن ينتشر هذا التنشيط ويمتد خلال شبكة الافتراضات.

لذا يحدث الاسترجاع Retrieval من الذاكرة طويلة المدى بشكل جزئي من خلال انتشار التنشيط من إحدى وحدات المعرفة إلى الأفكار ذات الصلة في شبكة الذاكرة.

وتكون المعلومات في الذاكرة طويلة المدى متوفرة حتى ولو كانت غير منشطة أو لم نكن نفكر بها في تلك اللحظة. فإذا لم يوفق انتشار أثر تنشيط المعلومات في الوصول إلى المعلومات المطلوبة، فربما يمكننا الوصول إلى إجابة من خلال إعادة البناء Reconstruction، أي عملية حل المشكلات التي توظف المنطق والقرائن والمعرفة الأخرى لبناء إجابة معقولة ومنطقية عن طريق تكملة الأجزاء المفقودة.

وتختفي حقاً المعلومات التي تتلاشى من الذاكرة قصيرة المدى، ولا يفلح أي جهد في أن يعيدها مرة أخرى. ولكن المعلومات التي تخزن في الذاكرة طويلة المدى تبقى متوفرة وخاصة عند استخدام القرائن المناسبة. ويعتقد بعض الباحثين أن لا شيء يفقد من الذاكرة طويلة المدى، ولكن البحوث المعاصرة قدمت دليلا يشكك في هذا الأمر.

العوامل التي تقوى عمل الذاكرة:

هناك عوامل عديدة تقوى عمل الذاكرة لدى الإنسان، نذكر منها:

1 – الانتباه Attention:

تستقبل حواس الإنسان في أي لحظة من اللحظات عددا لا نهائي من المثيرات السمعية والبصرية واللمسية، ولكن الإحساسات التي تسجل، والتي تستثير الإنسان نسبة صغيرة فقط من هذه المثيرات التي يحس بها الإنسان، وهى التي تدخل في منطقة وعيه فقط، أما بقية المثيرات، فقد تدخل في خلفية إحساس الفرد أو تهمل كلية.

وعملية الانتباه هي عملية وظيفية تقوم بتوجيه شعور الفرد نحو موقف سلوكي جديد، أو إلى بعض أجزاء من هذا المجال الإدراكي إذا كان يؤكد أن «الانتباه هو عملية تركيز الشعور على عملية حسية معينة تنشأ من المثيرات الخارجية الموجودة في المجال السلوكي للفرد» وفى أي وقت من الأوقات يمكن أن يغير الفرد انتباهه إلى أي من المثيرات التي تسجل، ويتضمن الانتباه عمليتين هما:

أ- التركيز الاختيارى على مثيرات معينة.

ب- تنقية المعلومات الأخرى التي نستقبلها.

ويرى محمود منسي (1991) أن الفرد يستطيع أن يغير انتباهه بسرعة كافية للإحساسات الخاصة بالمثيرات (الأشياء) المختلفة، وتؤثر خصائص المثير، والعوامل الشخصية للفرد في الانتباه تأثيرا بالغا، فخصائص المثير تلفت انتباه الفرد مثل الحيرة والحركة والتناقض والتكرار، وتستفيد شركات الإعلان من هذه الخواص في الدعاية التجارية.

إذا أردت أن تدخل ذاكرتك شيئا، فلابد أن تكون منتبها بدرجة عالية وتتطلب عملية الانتباه أن يتوفر لدى الفرد سلوكيات: الاهتمام والملاحظة والإنصات.

2- الإدراك Perception:

يعرف علي السلمي الإدراك بأنه إحساس الإنسان بما حوله، واستقباله للمتغيرات والمؤثرات، ثم فهمها وتحليلها بطريقة معينة، فالإدراك شقان:

1- الإحساس أو الشعور Sensation (أي استقبال المثيرات).

2- الفهم والتصور Interpretation.

ومن خلال الإدراك يتم تصنيف المعاني (المعلومات، والأشخاص، والأشياء ....) إلى مفاهيم Concepts وهي مجموعات منظمة ومتجانسة من المعان، كما يتم تكون المعرفة (أي التعرف) Cognition.

بمعنى أن الإدراك هو كيفية فهم الفرد للمعلومات المستقبلة عن طريق الحواس، ويبنى هذا المفهوم على الحقيقة الموضوعية للمنبه، وعلى كيفية تنظيم هذه المعلومات.

ويعد الإدراك الوسيلة التي يتكيف بها الكائن الحي مع البيئة التي يعيش فيها، ولا يتم الإدراك إلا إذا وجدت تغيرات بيئية خارجية (الأشياء - الحيوانات - المنشات) ولا بد أيضا من وجود الحواس (البصر، والسمع، التذوق، الشم، الإحساس باللمس، الإحساس الحركي) ويستخدم بياجيه) مفهوم المخططات الإدراكية في تفسير النمو العرفاني.

ويقصد بمفهوم تراكيب البيانات والمعلومات، والإجراءات لتحويل أجزاء الخبرة إلى نظام له معنى، والمخطط هو نمط أو سلوك لفهم الحادثة أو الخبرة يزود المخطط الفرد بالمعلومات المحددة التي من المفروض النظر إليها في موقف محدد ن ثم ماذا تتوقع.

والمخطط يمثل الاعتقاد الذي يمثله الفرد، أو تحديد المعيار والعلاقات وتتالي الأحداث المصنفة في المواقف. ويعتقد كثير من علماء النفس، أن المخططات هي أنظمة معلومات، وهى مفتاح عملية الفهم حتى نفهم قصة ما، فإننا نختار المخططات التي يبدو ملائما، ليجعل من القصة معنى مفهوما، بعد ذلك نستخدم إطارا معينا لنقرر أي التفاصيل في القصة يعتبر مهما، وأيها يضيف إلى معلوماتنا خبرات، وأيها نستطيع تذكرها مستقبلا.

إن عدم استخدام مخطط ملائم عند قراءة قصة، أو كتاب، يزيد من الزمن المستغرق الذي ينقضي في فهمها واستيعابها. أن تحليل الاتزان كما يتبناه (جان بياجيه) على صورة مخطط أو شبكة مفهيمية تقدم تصورا واضحا لذلك المفهوم، كما تظهر أهمية استخدام هذه الاستراتيجية في تطوير مفهوم ما ومن ثم تزويده وإدماجه في البناء العرفاني.

متطلبات الإدراك:

أ - المثيرات الخارجية (المثيرات الفيزيائية) وهى المثيرات المستقلة البيئية.

ب- الحواس: فكلما كانت الأعضاء الحسية في الإنسان سليمة زاد إدراك الفرد للعالم الخارجي.

3- التركيز:

التركيز Focusing هو أقصى درجات الانتباه، ويعنى ألا يفكر الإنسان إلا في شيء واحد يستحوذ على فكرة بشكل كامل. ويتطلب التركيز عدم السرعة في الانتقال من نقطة إلى أخرى، وعدم الانتقال من إحساس إلى آخر، واستبعاد العوامل الأخرى التي قد تؤدى إلى التشويش أو التشتت أو الإبهار أو التأثير التي يمكن أن تخرج الإنسان من تركيزه.

4- التكرار:

المقصود بالتكرار هو عملية إلحاح مستمرة بنفس المعلومة أو الحدث على الذاكرة. وهذا هو ما تقوم به الآن الإعلانات وحملات الدعاية المكثفة المتكررة كل يوم لدفعنا إلى شراء منتج معين أو خدمة معينة.

5- **تدوين الملاحظات:**

إن طريقة تدوين الملاحظات Note taking تتميز بنقاط إيجابية. إن اكتساب الشخص مهارات عملية تدوين الملاحظات أثناء الاستماع للآخرين أو عند قراءة مادة مكتوبة، يؤدي إلى استيعاب المعلومات والاحتفاظ بها مدة أكبر. كذلك فإن تدوين الملاحظات قد يتمخض عنه مراجعة هذه الملاحظات، مما قد يحسن من عملية استيعاب واستدعاء هذه الملاحظات المدونة.

إذا كان تدوين الملاحظات يمكن أن يساعدك، فافعل ذلك. فبعض الناس يظنون أن تدوين الملاحظات يجعلهم يبدون كالأغبياء، والحقيقة أن العكس هو الصحيح، إذ أن تدوين الملاحظات يشعر من يكلمنا باهتمامنا التام بما يقوله، مما يجعله يشعر بالثقة في أننا نصغي له، بدليل ما ندونه من ملاحظات أو مذكرات وهو يتكلم، كما يجعله يثق في أننا سنتذكر ما دار في الحوار الذي تم معه، باعتبار أن هذه الملاحظات والمذكرات ستساعدنا في ذلك.

على كل فإذا كان تدوين الملاحظات والمذكرات يساعد في الإنصات، فذلك لسببين، هما: ضمان تذكر ما يدور في الحوار، وتركيز الانتباه في موضوعه. ذلك أن الكتابة تتطلب منا استخدام جزء من المخ، وبالتالي فإن انشغال هذا الجزء من المخ يمنع شرود أذهاننا، ويجعلنا نركز أكثر على ما يقوله الآخرون.

6- اعتماد **طرق التدريس** القائمة على استخدام الوسائل الحسية والممارسات العملية المشخصة للوصول إلى خبرات واضحة أكثر ثباتاً في الذهن.

7- اعتماد **طرق العرض والتقديم** في بيئة العمل القائمة على الوسائل والممارسات العملية المشخصة للوصول إلى خبرات أكثر ثباتاً في الذهن.

8- **تنظيم المعلومات المختزنة:**

يوضح محمد عبد الغني هلال هذه النقطة كالتالي: من الصعب على الإنسان أن يحفظ هذا الكم الهائل من المعلومات في شتى المجالات، مع تباينها واختلافها في جوانب أخرى كثيرة، ولذلك فإن عملية الحفظ يجب أن تخضع لنظام عام وذاتي في نفس الوقت حتى تسهل عملية التخزين والتداول والاسترجاع.

فالقاعدة هنا هو: كلما كان ما تختزنه من معلومات بالذاكرة منظماً كلما سهل استرجاعه.

العوامل التي تضعف الذاكرة:

هناك عوامل عديدة تضعف عمل الذاكرة، نذكر منها عكس العوامل السابق ذكرها وهى:

1- عدم الانتباه.

2- عدم التركيز.

3- عدم التكرار.

4- عدم تنظيم الملفات.

5- السن الكبير (الشيخوخة)

6- الحالة الصحية غير السليمة للإنسان، مثل: المرض والحمل.

فعلى سبيل المثال: الحمل يضعف الذاكرة. فلا تعولوا كثيرا على ذاكرة المرأة الحامل فهي كثيرة النسيان وقد يستمر الأمر بعد الولادة لعام كامل قبل أن تستعيد ذاكرتها تماما، وهذه النتائج أكدتها دراسة استرالية حديثة أثبتت أن الحمل يتسبب في ضعف الذاكرة للنساء، وأن هذه الحالة تستمر لفترة ما بعد الولادة أحياناً.

وتقول جوليا هنرى، وهى واحدة من فريق البحث بجامعة نيوساوث ويلز بسيدنى «ما وجدناه هو أن المجهود الذهني المرتبط بتذكر تفاصيل جديدة أو أداء مهام متعددة المراحل، يصاب باضطراب» .... وأضافت «قد تعجز المرأة الحامل مثلا عن تذكر رقم جديد، لكنها ستستعيد بسهولة الأرقام القديمة التي كانت تطلبها على الدوام»، ورجحت الدراسة أن يكون السبب تغييرا في هرمونات الجسد والتغير السريع في نمط المعيشة وانشغال النساء بالحياة الجديدة ورعاية الطفل إلى جانب تأثير اضطرابات النوم التي تؤدى إلى ضعف الحضور الذهني.

الذاكرة ونماذج المخ البشري[*]:

هناك علاقة قوية بين الذاكرة ونماذج المخ البشري ومراكز الإدراك لدى الإنسان. ومن هنا كان لابد من دراسة هذه النماذج وفهمها، حتى يمكن توظيفها في تقوية الذاكرة وتوسيعها. ومن هذه النماذج نذكر:

1- نظرية تقسيم المخ: الوظائف المختلفة للجهة اليسرى واليمنى في لحاء الرأس (الأم الحانية).

2- نظرية تجديد المخ: الدور الرئيسي للجزء النصفي في المخ أو جذع الرأس في التعليم.

3- نظرية ثالوث المخ: أهمية لحاء الرأس (الأم الحانية) في المحافظة على التوازن في ثالوث المخ.

4- تعدد قدرات الذكاء: نظرية وجود درجات مختلفة من القدرات والذكاء في المخ.

5- النماذج والأمثلة: الدور الذي تلعبه مراكز الإحساس وأمثلة من سلوك الخبراء.

(*) المصدر: مجلة التدريب والتنمية: إبريل - مايو - يونيه 1998.

6- محركات الشعور: أهمية توفير جو ومحيط غني بالمؤثرات الفنية.

7- التعليم التعاوني: أهمية أن يتجاوب المتلقي داخلياً مع الحالات والأوضاع المختلفة.

نظرية تقسيم المخ:

ما يزال النموذج الذي يبين تقسيم المخ إلى جزأين أفضل النماذج لشرح وظائف المخ الداخلية المختلفة. إن الجزء الأيسر من المخ، لفظي، منطقي، متتابع، أما الجزء الأيمن فهو مبدع، بصري وموهوب.

يستطيع الجزء الأيمن أن يستوعب مجموعة كبيرة من المعلومات بأقل مجهود، بذاكرته السليمة ويتحول نشاطه إلى طاقة سريعة وسلسلة بعد إمداده بتقنيات تنشيط الذاكرة التي تقدم له قوائم من المعلومات المصورة. وبالدراسات التحليلية لقدرات الجزئين الأيسر والأيمن ظهر أن التعاون بينهما يؤدي إلى أعلى درجة من التعليم ونتائج الأداء. وهو ما يطلق عليه عمل المخ المتكامل. من أهم واجبات التعلم السريع التنسيق، حتى يعمل الجزء الأيمن بالتعاون مع الجزء الأيسر.

ويحتاج الجزء الأيسر إلى المعلومات التدريجية، التي تقدم له خطوة خطوة، حتى يتمكن من تحليلها، وجمعها وفهم مركباتها. إن الموازنة بين الجزئين تحتاج إلى تقارب مستمر بين المنطقي والشعوري، الجزئي والشمولي، اللغوي والموسيقي. ولا شك أن الاسترخاء والموسيقى تنشط المخ فيشعر الإنسان بالسعادة وتنشط المراكز التي تقوم بوظائف الإبداع والمرح والتخيل والإلهام، وتساعده على بعد النظر، وتنمي قدراته التحليلية ودقة الملاحظة. هذه الوسائل تنشط النصف الأيمن والأيسر للمخ وتساعد على طبع المعلومات في الذاكرة.

نظرية تجديد المخ:

قدم دياموند 1984 في دراسته عن نظرية تجديد المخ ما يؤكد أن توفير محيط غني بالأحاسيس في حجرات الدراسة ينشط مراكز الأعصاب في بعض أجزاء المخ. أما محرك الإحساس ذو المضمون العاطفي فيحرر الغضب الساكن في المخ. ويولد شعوراً طبيعياً بالتحسن وقوة التحمل. وبذلك، تعتبر عناصر التعليم السريع كالاسترخاء، والموسيقى، والألعاب، والفنون، وسرد القصص، عناصر تقوية تساعد على تقوية الذاكرة لفترة طويلة، فالشعور بالسعادة أثناء التعليم يزيد من الرغبة في التلقي، ويشجع الناس على تكرار استيعاب وحفظ المادة التي تقدم له.

نظرية الأغلفة الثلاثة:

حددت نظرية ثالوث المخ لماكلين (1973) ثلاثة أغلفة للمخ: المخ الحنون، وجذع المخ، والأم الجافية. ولكل غلاف منها وظيفة خاصة، وتمثل كل منها أهمية في المعرفة والتعليم. الأم الحنون تغلف جذع المخ الذي بدوره يغلف الأم الجافية والأغلفة الثلاثة تتصل داخلياً.

الأم الحنون هو الجهاز المسئول آلياً عن احتياجاتنا البدنية الأساسية مثل دقات القلب ونبضاته، والتنفس، الجوع، الرغبة الجنسية أما المخ الذي يرتبط بوظائف التفكير وهو يعمل كالكمبيوتر ويدير برامج المخ الفكرية بدون تمييز. ولا شك أن كثيراً من الأفراد لديهم برامج داخلية تؤثر سلبياً على قدراتهم. ويسمعون صوتاً داخلياً يهمس «أنا غير قادر على التعلم أو أنا بطئ الفهم» والأم الجافية عبارة عن جهاز يضم المهارات الفكرية، وهو ما يميز الإنسان عن الحيوانات ويمثل 75% من حجم المخ ويؤدي وظائف مؤثرة وفعالة مع المحافظة على أجزاء المخ الأخرى.

أما الذاكرة وقدرة الإنسان على استيعاب أكبر قدر من المعلومات والاحتفاظ بها لمدة طويلة، فهي ترتبط بأغلفة المخ الثلاثة، والعناصر الأساسية الثلاثة للنظام الديناميكي للتعلم السريع: ذهني، نفسي، بدني، أما التدريب على الأداء البشري فينبه النصف الأيسر للمخ، وقد أظهرت الأبحاث أن تنبيه كل أجزاء المخ بأسلوب منتظم ومترابط يرفع من مستوى القدرة على التعليم.

نظرية تعدد الذكاءات:

يروج هوارد جاردنر Howard Gardner نظريته عن «تعدد أنواع الذكاء» Theory of Multiple Intelligence، حيث نشر عام 1983 كتابه الشهير «أطر العقل» Frames of Mind، مؤكداً بأن كل فرد يمتلكها بدرجات متفاوتة.

وتقوم اختبارات جاردنر وزملائه في جامعة هارفارد على عدة أسس هي كالتالي:

1- أن الذكاء لا يظل ثابتاً لدى الفرد في مختلف مراحل حياته، وإنما يمكن تنميته وزيادته.

2- الناس تختلف في أنواع الذكاءات التي لديهم وفي أسلوب استخدامها.

3- الذكاء ليس مفهوماً محدداً، فلا يوجد شخص ذكي في كل شيء، فقد يتنوع الأمر على حسب الموقف.

4- يُعد الذكاء أمراً خاصاً بالمهارات والقدرات. فالذكاء هو ما نقوم به لتحقيق الأشياء.

5- يحتاج الناس أن يعملوا لكي يطوروا ويستخدموا ويحسنوا ذكاءهم.

وقد حدد (جاردنر) ثمانية أنواع أساسية من الذكاء هي:

1- الذكاء اللغوي	Linguistic
2- الذكاء الموسيقي - الفني	Musical
3- الذكاء المنطقي - الرياضي	Logical-Mathematical
4- الذكاء المكاني - التخيلي	Spatial
5- الذكاء الجسدي - الحركي	Bodily-Kinesthetic
6- الذكاء النفسي - الشخصي	Psychological-Personal
7- الذكاء الاجتماعي - العلاقي	Social-Interpersonal
8- الذكاء الطبيعي	Naturalist

ويمكن شرح هذه الأنواع بشيء من التفصيل كما يلي:

1- الذكاء اللغوي:

يقصد بالذكاء اللغوي القدرة على استخدام اللغة ومفرداتها في توصيل الأفكار والآراء والمشاعر للآخرين، وفي نقل المعلومات، وفي إقناع الآخرين..

2- الذكاء الموسيقي - الفني:

يقصد بالذكاء الموسيقي - الفني بأنه القدرة على التمتع بالموسيقى أو أدائها أو تأليفها.

3- الذكاء المنطقي - الرياضي:

يقصد بالذكاء المنطقي - الرياضي القدرة على اكتشاف الأنماط والمجموعات والعلاقات بين الأشياء أو المتغيرات، كذلك من خلال معالجة الأشياء أو من خلال استخدام أسلوب التجريب (التجربة).

4- الذكاء المكاني - التخيلي:

يقصد بالذكاء المكاني - التخيلي القدرة على تخيل الأشياء ذهنياً في أبعادها الثلاثة (الطول والعرض والارتفاع)، والتعبير عن ذلك بالرسم والظل أو بالخرائط أو بالتصميم الداخلي.

ومن الواضح أن البحارة والطيارين والنحاتين والمعماريين يمثلون طليعة أصحاب الذكاء المكاني - التخيلي.

5- الذكاء الجسدي - الحركي:

ويطلق عليه هوارد جاردنر بذكاء الإحساس بحركة الجسم. ويشتمل هذا النوع من الذكاء على إمكانية استخدام كل جسم الإنسان أو جزء من جسمه (مثل اليد أو القدم أو الفم) لحل المشكلات أو لتقديم منتجات جديدة. ومن الواضح، أن الراقصين والراقصات، والممثلين والممثلات والرياضيين والرياضيات يمثلون طليعة أصحاب ذكاء الإحساس بحركة الجسم.. كذلك هذا النوع من الذكاء مهم أيضاً لأصحاب الحرف والجراحين.. بمعنى أن الذكاء الجسدي (الحركي) - كما يشرح ذلك رمضان مسعد بدوي - هو القدرة على استخدام المهارات الحركية الدقيقة، أو المهارات الجسدية الكبيرة في الرياضة أو الأداء أو النحت...

6- الذكاء النفسي - الشخصي:

يقصد بالذكاء النفسي - الشخصي القدرة على التبصر والمعرفة الوراثية، بمعنى القدرة على فهم النفس أو الذات وتحليل المشاعر الداخلية.

7- الذكاء الاجتماعي - العلاقي:

يهتم الذكاء الاجتماعي بالعلاقات مع الآخرين والقدرة على فهمهم والتوافق

معهم. ومن الواضح أن رجال البيع والمدرسين والأخصائيين الاجتماعيين والأخصائيين النفسيين والقادة الدينيين والقادة السياسيين يمثلون طليعة أصحاب الذكاء الاجتماعي.

8- الذكاء الطبيعي:

يقصد بالذكاء الطبيعي - كما يشرح ذلك رمضان مسعد بدوي - القدرة على تمييز وتصنيف النباتات والحيوانات الأخرى الموجودة في الطبيعة بسهولة.

اسأل نفسك !

- **أي نوع من الذكاء ذو درجة عالية لديك؟**

م	الذكـاء	الإجابة
1	الذكاء اللغوي.	
2	الذكاء الفني - الموسيقي.	
3	الذكاء المنطقي - الرياضي.	
4	الذكاء المكاني - التخيلي.	
5	الذكاء الجسدي - الحركي.	
6	الذكاء النفسي - الشخصي.	
7	الذكاء الاجتماعي - العلاقي.	
8	الذكاء الطبيعي.	

- هل عملك يتناسب مع هذا النوع من الذكاء؟
- كيف تستفيد من هذا النوع من الذكاء في تحسين وتطوير عملك؟
- حاول أن ترفع درجة ذكائك في الأنواع الأخرى، فلا يوجد مستحيل.

تعقيب:

إن النظرة التقليدية للذكاء والتي تشير إلى أن هناك نوع واحد أو شكل واحد من أنواع أو أشكال الذكاء يظل ثابتاً لدى الفرد في مختلف مراحل حياته، ويتم قياسه بالمعامل العقلي. I.Q (Intelligence Quotient) قد ثبت عدم دقتها، وعدم اتفاقها مع الطبيعة الإنسانية المتنوعة والقدرات المختلفة لدى البشر،...

فعلى سبيل المثال فإن المعامل العقلي لا يأخذ في الاعتبار سوى بعض القدرات - كالقدرة اللغوية والمنطقية والحسابية - في عملية القياس، في حين يهمل قدرات أخرى هامة وعديدة على الرغم من قيمتها لدى الإنسان والمجتمع.

إن النظرة الأحادية البعد التي تعارض تماماً نظرية تعدد الذكاءات هي التي تكمن خلف تلك الطريقة المحددة والموحدة للتعليم في المدرسة والجامعة. فعلى سبيل المثال فإن المدارس تقدم تعليماً موحداً ومنهجاً موحداً لجميع التلاميذ، وامتحاناً موحداً يركز على المعلومات دون اهتمام يذكر بالمشاعر والمهارات والهوايات والقدرات، ودون مراعاة للفروق الفردية بين هؤلاء التلاميذ.

لقد رحبت نظرية تعدد أنواع الذكاء بالاختلاف بين الناس في أنواع الذكاءات التي لديهم وفي أسلوب استخدامها، مما من شأنه إغناء المجتمع وتنويع ثقافته، عن طريق إفساح المجال لكل صنف منها بالظهور والتبلور في إنتاج يفيد تطور المجتمع وتقدمه.

إن تعدد الذكاءات واختلافها لدى البشر يقتضي إتباع مداخل تعليمية متنوعة لتحقيق التواصل مع كل المتعلمين المتواجدين في الفصل الدراسي سواء في المدرسة أو الجامعة.. ويقتضي إتباع مداخل إدارية متنوعة لتحقيق التواصل مع كل العاملين المتواجدين في بيئة العمل.. ويقتضي إتباع مداخل اجتماعية متنوعة لتحقيق التواصل

مع كل سكان منطقة ما المتواجدين في مجتمع محلي ما.. ويقتضي إتباع مداخل علاجية (نفسية واجتماعية) متنوعة لمساعدة الناس مواجهة المشكلات المختلفة التي يواجهونها...

الذكاء الاجتماعي / العلاقي:

يؤكد بعض علماء النفس أهمية الكفاح الاجتماعي كمظهر رئيسي من مظاهر الذكاء. فيرون أن النجاح الاجتماعي يحتاج إلى نسبة عالية من الذكاء، لذلك حاول روبرت ثورنديك Robert L. Thorndyke - في كتابه عن الذكاء الاجتماعي والمنشور عام 1936 - أن يؤكد المفهوم الاجتماعي في تقسيمه الثلاثي للذكاء. حيث قسم الذكاء إلى ثلاثة أنواع هي كالتالي:

1- الذكاء الاجتماعي Social Intelligence :

وهو القدرة المتعلقة بالتفكير الاجتماعي وعلاقة الفرد بالآخرين. وموضوع الذكاء الاجتماعي هو البشر أنفسهم، يعمل فيهم الإنسان عملياته الاتصالية والمعرفية (القدرة الاتصالية).

2- الذكاء المجرد Abstract Intelligence :

وهو القدرة المتعلقة بالرموز والأرقام والألفاظ والكلمات والمعاني المجردة (القدرة الرياضية واللغوية).

3- الذكاء العملي أو الميكانيكي Concrete Intelligence :

وهو القدرة المتعلقة بمعالجة الأشياء المحسوسة والتعامل مع الآلات والعدد (القدرة الميكانيكية).

ويرى ثورنديك أن هذه الأنواع الثلاثة من الذكاء لا يتمشى بعضها مع بعض باتفاق تام، فقد يكون لدى الفرد ذكاء عالي مع كونه ضعيفاً فيما يتعلق بالأشياء العملية أو التصرف الاجتماعي أو بالعكس.

مفهوم الذكاء الاجتماعي:

يمتد مفهوم الذكاء الاجتماعي Social Intelligence بأصوله إلى كتابات روبرت ثورنديك بداية من عام 1936. ويرى ثورنديك أن الذكاء الاجتماعي هو «قدرة الإنسان على فهم الآخرين والتأثير في إراداتهم بحيث يؤدي بطريقة حكيمة في العلاقات الإنسانية».

كذلك يمكن تعريف الذكاء الاجتماعي بأنه القدرة على القيام بالسلوك المناسب حسب طبيعة الموقف الاجتماعي الذي به الفرد.

وهناك من يضيف على هذا التعريف القدرة على كسب الآخرين، وعقد علاقات اجتماعية معهم بسرعة.

وهناك فريق ثالث يرى أن الذكاء الاجتماعي هو قدرة الفرد على التكيف والتوافق الاجتماعي، وقدرته على تحقيق المرونة الاجتماعية حسب طبيعة الموقف.

مظاهر تكوين الذكاء الاجتماعي:

في ضوء تعريفات الذكاء الاجتماعي، يمكن تحديد أربعة مظاهر للذكاء الاجتماعي كالتالي:

1- المظهر الأول، ويتمثل في التصرف في المواقف الاجتماعي. فالفرد الناجح في معاملته مع الآخرين هو الفرد الذي يحسن التصرف في المواقف الاجتماعية الصعبة.

2- المظهر الثاني، ويتمثل في التعرف على الحالة النفسية للمتكلم، وذلك من العبارات التي يقولها ومن لغة الجسم لديه.

3- المظهر الثالث، ويتمثل في القدرة على ملاحظة السلوك الإنساني والتنبؤ به.

4- المظهر الرابع، ويتمثل في روح الدعابة والمرح، أي قدرة الفرد على فهم وتذوق النكات والاشتراك مع الآخرين في مواقف المرح والفرح.

مفهوم الذكاء العاطفي أو الوجداني:

وهناك من يجمع بين كل من الذكاء النفسي والذكاء الاجتماعي ويُطلق عليهما مصطلح الذكاء العاطفي أو الوجداني أو الانفعاليEmotional Intelligence.

والذكاء العاطفي يتضمن مجموعة من القدرات التي لها علاقة بجانب المشاعر والعواطف في الحياة، مثل: القدرة على ضبط النفس، والقدرة على التعبير عن المشاعر بشكل مناسب وإيجابي، والقدرة على التحكم في الرغبات ومقاومة الاندفاع، والقدرة على التفاعل المناسب والإيجابي مع الآخرين، والقدرة على حفز الآخرين، والقدرة على التعاطف والتضامن الإنساني..

باختصار فإن الذكاء العاطفي هو قدرة الإنسان على إدارة عواطفه بالشكل المناسب وضبط النفس والقدرة على إقامة علاقات فاعلة مع الآخرين والتعاطف معهم وحفزهم.

ويطلق ستيفن كوفي Stephen R. Covey - أحد علماء الإدارة - في كتابه العادة الثامنة The 8th. Habit والمنشور عام 2004 على الذكاء العملي تسمية أخرى هي الذكاء التنفيذي Execution Quotient (XQ). حيث يقول أن الناس تكتسب ذكاءها التنفيذي بتراكم الخبرات. فعندما يؤمن الأفراد وتؤمن المؤسسات بأن لديهم القدرة

على النجاح، ولا ينجحون، فإن هذا دليل على ضعف مؤشر الذكاء التنفيذي. وهو مؤشر جديد لقياس درجة تقدم الأفراد أو المؤسسات في تحقيق أهداف محددة. فإن كان هناك مؤشر للمعامل أو للذكاء العقلي(Intelligence Quotient (IQ يقيس القدرة على التحليل والتفسير، وإذا كان هناك مؤشر للذكاء العاطفي (Emotional Quotient (EQ يقيس ذكاء المشاعر والعلاقات والتعاملات، فإن هناك أيضاً ذكاء تنفيذي يقيس القدرة على المخاطرة والتنفيذ والمتابعة والتقييم.

هذا النوع من الذكاء هو المسئول عن تحويل الإمكانات إلى إنجازات. وهو الذي ينقلنا من إدارة الذات إلى إدارة المنظمات، ومن نصر شخصي إلى نصر جماعي. فلا يوجد شيء كبير وعظيم يمكن أن تقوم به ذات بمفردها، لأن كل المساعي العظيمة والأمور الجليل تتطلب جماعات ومؤسسات تقوم بها وتنفذها.

الفصل الرابع

التذكـــر: عملية الاسترجاع

أشتمل هذا الفصل على:

- **التذكر.**
- **مراحل التذكر.**
- **عملية التذكر.**

الفصل الرابع

4

التذكر: عملية الاسترجاع

مقدمة:

تصور أنك لمدة دقيقة واحدة فقط أنك بدون ذاكرة. ستجد نفسك لا تعرف ولا اسمك وأين أنت وفي أي وقت (ساعة ويوم وتاريخ) وما هي مهنتك؟ ولماذا جئت إلى هنا؟ ولن تستطيع الحديث مع الآخرين والقراءة والكتابة وتناول الطعام باستخدام أدوات الطعام.

وتتمثل عملية التذكر Remembering في عمليات الحفظ والتعرف والاسترجاع. وقد كان ينظر إلى التعلم قديماً على أنه عملية تذكر للمعلومات فقط. وللتذكر دور هام في العمليات العرفانية التي يقوم بها الإنسان لاعتماد كثير منها على عملية التذكر.

وترجع دراسات التذكر إلى عهد الألماني هيرمان أبنجهاوس Ibenighouse (1988) الذي نشر في مؤلفاته عدداً من التجارب النفسية التي تتناول موضوعات الحفظ والتذكر والتعلم. وأول هذه المؤلفات كتابه عن: «الذاكرة».

التذكر Remembering:

- التذكر: إحدى وظائف العقل.

- التذكر: نشاط نفسي إلى استعادة الخبرات السابقة التي مر بها الإنسان.
- التذكر: هي عملية عقلية لاسترجاع المعلومات المطلوبة والمختزنة في عقل الإنسان.
- التذكر: استحضار أو استعادة ما نريده من الماضي في وقتنا الحاضر.
- التذكر: له علاقة بالذكاء (علاقة طردية)، فكلما زاد الذكاء زاد التذكر والعكس صحيح.
- التذكر: نعمة من نعم الله عز وجل على عباده، وإثبات لوجود الإنسان بين جماعته وعشيرته.

ماذا يحدث إذا لم يحدث تذكر؟

التذكر والنسيان يعتبران وجهين لوظيفة واحدة. فالتذكر هو الخبرة السابقة مع قدرة الشخص في لحظته الراهنة على استخدامها. أما النسيان فهو الخبرة السابقة مع عجز الشخص في اللحظة الراهنة عن استعادتها واستخدامها. والسؤال هنا هو: ماذا يحدث إذا لم يحدث تذكر؟

ويمكن تقديم الإجابة التالية عن هذا السؤال الهام:

1- توقف عملية التعلم عن تعلم الخبرات والمعلومات الجديدة وتفسيرها في ضوء الخبرات الموجودة بالذاكرة.

2- اضطراب الكلام من حيث الكم والكيف أو تقل كفاءة الكلام. لأن الإنسان حينما يتكلم ويخاطب الآخرين فإنه يعتمد في مخاطبته على تذكر الكلمات والتعبير والنحو الموجود في الذاكرة. فكثيراً من الأفراد الذين تحدث لهم حوادث في الدماغ أدى ذلك إلى وقف التذكر لديهم، ونجدهم لا يتكلمون ويفقدون النطق.

3- يعاني الإنسان الكبير في السن أحياناً من مرض الزهايمر.

4- لا يستطيع أن يقوم الإنسان بالشكل المطلوب، وسوف يقع في أخطاء كثيرة وبسيطة، بل سوف يقع في نفس الأخطاء المرة تلو الأخرى، ولن يتعلم من خبراته العملية/الوظيفية.

مراحل التذكر:

هناك من يحدد مراحل عملية التذكر في:

1- مرحلة الانطباع.

2- مرحلة التدريب.

3- مرحلة الاستيعاب.

4- مرحلة الاسترجاع.

بينما تحدد ليلى محمد صلاح مازن ثلاث مراحل لعملية التذكر هي:

1- التسجيل المختص بالإحساس Sensory Register.

2- التذكر قصير الأجل Short Term Memory.

3- التذكر طويل الأجل Long Term Memory.

والفرق الرئيسي بين هذه المراحل هو طول الوقت المستغرق. فالتسجيل المختص بالإحساس يستمر جزء من الثانية، ومن الصعب تصور مدى هذا الوقت.

والتذكر قصير الأجل ومدته تصل إلى ثواني قليلة، بينما التذكر طويل الأجل يمكن أن يستمر مدى الحياة.

هذا ويمكن تحديد مراحل عملية التذكر كالتالي:

1- مرحلة استقبال المعلومات.
2- مرحلة تنظيم المعلومات (الترميز).
3- مرحلة الاحتفاظ أو التخزين للمعلومات.
4- مرحلة الاسترجاع للمعلومات.

مراحل عملية التذكر:

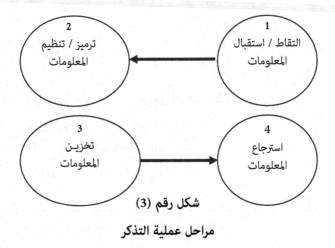

شكل رقم (3)

مراحل عملية التذكر

مشكلات تواجه عملية استقبال المعلومات:

يتقبل الإنسان المثيرات والمعلومات من البيئة المحيطة بواسطة الحواس الخمس التي وهبها الله سبحانه وتعالى لمعظم البشر. فهي تمثل أدواتنا للتعرف على البيئة المحيطة. ويمكن أن تنقسم المستقبلات الحسية إلى ثلاثة أنواع هي كالتالي:

1- مستقبلات خارجية: مثل المثيرات الفيزيائية المختلفة كالصوت، والضوء.

2- مستقبلات داخلية: وتخص الناحية النفسية، أي ما يحدث من تفاعل داخلي وتكامل يغير من طبيعة السلوك والاستجابة.

3- مستقبلات ذاتية: تخص الناحية الفسيولوجية، أي ما يحدث داخل العضو الحسي نفسه من أحداث.

وتواجه عملية استقبال المثيرات والمعلومات أحياناً ببعض المشكلات، نذكر منها:

1- قلة المعلومات.

2- كثرة المعلومات في نفس الوقت.

3- عدم الاتصال.

4- سوء الاتصال.

5- مشكلة في اللغة.

6- فقد إحدى الحواس.

7- ضعف إحدى الحواس.

8- قلة الاهتمام.

9- عدم الانتباه.

10- تشتت الانتباه.

11- عدم الإنصات.

12- البيئة المادية المحيطة غير المناسبة.

فعلى سبيل المثال، يمكن شرح إحدى هذه المشكلات كالتالي:

البيئة المادية المحيطة غير المناسبة:

من خصائص البيئة المادية المحيطة غير المناسبة نذكر:

1- زيادة أو نقصان درجة الحرارة عن 20 درجة مئوية.
2- سوء التهوية.
3- الإضاءة غير المناسبة.
4- مقاعد الجلوس غير المريحة.
5- ألوان القاعة غير مناسبة.
6- ضيق القاعة (الحجرة) بالنسبة لعدد الأفراد.
7- كبر القاعة (الحجرة) بالنسبة لعدد الأفراد.

وهذه الأمور قد تؤدي إلى:

1- مشكلات في استقبال المعلومات.
2- مشكلات في تخزين المعلومات.
3- مشكلات في استرجاع المعلومات.
4- التوتر والقلق.
5- الإجهاد.
6- تشتيت الانتباه.
7- فقد الاهتمام.
8- تقليل التركيز.
9- نقصان الراحة الجسمية.
10- تقليل سرعة رد الفعل.

البيئة الاجتماعية والنفسية المناسبة:

إن توفر البيئة الاجتماعية والنفسية المناسبة تؤدي إلى:

1- حسن استقبال المعلومات.
2- تدعيم المعلومات التي يتم تخزينها (تدعيم الذاكرة).
3- تحسين عملية التذكر وسرعتها.
4- خفض التوتر والقلق.
5- إثارة الدافعية.
6- تشجيع التفاعلات الإيجابية السليمة.

مشكلات تواجه عملية تنظيم / ترميز المعلومات:

بعد استقبال الإنسان للمعلومات، يقوم بدراسة هذه المعلومات لتنظيم / ترميز هذه المعلومات، بمعنى أنه على سبيل المثال ينقي هذه المعلومات ويحدد المفيد منها لتخزينه وغير المفيد منها ليقوم بتركه وعدم الاهتمام به. كذلك يقوم بتصنيف هذه المعلومات، ليقوم عقل الإنسان بوضع هذه المعلومات في الملفات القائمة بالفعل في عقل الإنسان من قبل.

تستند وجهة نظر تنظيم أو معالجة المعلومات (الترميز) على ثلاثة افتراضات أساسية هي:

1- إن تنظيم / معالجة المعلومات تتم من خلال خطوات أو مراحل والتي تتضمن الانتباه للمثيرات وتنظيمها وتحويلها على شكل تمثيلات ذهنية ومقارنتها مع التمثيلات المخزونة في الذاكرة، ثم اتخاذ قرار بشأنها.

2- توجد حدود لكمية المعلومات التي يستطيع الإنسان معالجتها وتعلمها.

3- نظام المعالجة الإنساني نظام تفاعلي. إذ تتأثر المعلومات المخزونة في الذاكرة بعمليتي الإدراك والانتباه فنحن نرى الأشياء التي توجهنا إليها خبراتنا السابقة، وما نراه يؤثر في المعلومات التي نمتلكها.

فبناء على وجهة نظر معالجة المعلومات ينتج التعلم من خلال التفاعل بين المثيرات البيئية (المعلومات المراد تعلمها) والمتعلم (الشخص الذي يعالج أو يتعامل مع المعلومات). وما يريده حقاً علماء نفس معالجة المعلومات معرفة ماذا يجرى داخل الذهن؟

وأحياناً تواجه عملية تنظيم / ترميز المعلومات بعض المشكلات، نذكر منها:

1- اختلاف منطق ونتائج المعلومات الجديدة عن المعلومات القديمة.

2- كثرة المعلومات الجديدة (زيادة التحميل بالمعلومات).

وكما يضر الدواء الزائد والأكل الزائد بالصحة فإن للمعلومات الزائدة أضرارها أيضاً.

مشكلات تواجه عملية تخزين المعلومات:

مهما أوتينا من ذاكرة قوية فإننا لا نستطيع الاحتفاظ بكل المعلومات والخبرات التي تمر بحياتنا التي ليست كلها مهمة بالنسبة إلينا، بل نحتفظ بالمفيد والمهم لنا فقط. وننسى المعلومات والخبرات التي ليست مفيدة أو هامة لنا أو التي لم يستفد بها لمدة طويلة.

وتواجه عملية تخزين المعلومات ببعض المشكلات، نذكر منها:

1- الأمراض بمختلف أنواعها (الجسمية والعقلية والنفسية) تؤثر سلباً على عملية تخزين المعلومات.

2- العقاقير والتعب والخمول تؤثر سلباً على عملية تخزين المعلومات.

3- الإدمان بكافة أشكاله وأنواعه ودرجاته يؤثر سلباً على عملية تخزين المعلومات.

العوامل الانفعالية ودورها في التذكر والنسيان:

تشير ممدوحه محمد سلامة إلى أن نتائج البحوث والدراسات في هذا المجال إلى أن الانفعالات يمكن أن تؤثر على عملية الاسترجاع من الذاكرة بطرق ثلاث كما يلي:

أولاً: إننا من الأرجح أن نطيل التفكير في المواقف المحملة بالانفعال سواء كانت انفعالات إيجابية أم سلبية أكثر مما نفعل بصدد المواقف العادية المحايدة كما تعاود التفكير ونعيد تنظيم الذكريات المثيرة أكثر مما نفعل فيما يتعلق بالذكريات المثيرة أكثر مما نفعل فيما يتعلق بالذكريات العادية الحالية من الإثارة والانفعال.

وعلى سبيل المثال قد تنسى متى وأين شاهدت هذا الفيلم أو ذاك، وهذا أمر عادي، غير أنه لو حدث أن شب حريق بدار السينما أثناء مشاهدتك لفيلم ما فإنك ستقوم بوصف الأحداث والملابسات المختلفة المحيطة مرة ومرات لأصدقائك ومعارفك وبهذا فإنك تكررها وتعيد تنظيمها، وطالما تعلم أن التكرار وإعادة استرجاع موقف ما وتنظيمه يترتب عليها تحسين ذاكرة الاسترجاع لذا فليس من الغريب أن يجد دارسوا الذاكرة أن التذكر يكون أفضل بالنسبة المواقف المشحونة بالانفعال عنه للمواقف غير الانفعالية.

ثانياً: ينبغي أن نعلم أن بعض الانفعالات تعطل الاسترجاع وهو ما يحدث لكثير من الطلاب أثناء أداء الامتحان وبصفة خاصة حين يكونون غير واثقين تماماً بأنفسهم وما تم تحصيله في المواد الدراسية وما يحدث لهم يدور كما يلي:

يبدو السؤال الأول غير مفهوماً أو محدداً لهم، وتبدأ علامات الذعر وشدة القلق تظهر وتتزايد، ورغم أن السؤال الثاني قد لا يكون صعباً عليهم إلا أن القلق الذي أطلقه السؤال الأول يمتد إلى الثاني أيضاً، وحين يأتي الوقت لقراءة السؤال الثاني فالأمر سيان إذا كان يتطلب مادة علمية معينة أم يسأل عن اسم الطالب، فلا سبيل للإجابة عليه، إذ يكون القلق قد بلغ مداه.

ما الذي يحدث للذاكرة في المثال السابق؟ الواقع أن الفشل في معالجة السؤال الأول ينشأ عنه بعض القلق الذي عادة ما تصاحبه أفكاراً تلقائية مثل (سوف أرسب بكل تأكيد) وأي كارثة هذه تكون... إلخ ومثل هذه الأفكار تتدخل في أي محاولة لاسترجاع المعلومات المتعلقة بالسؤال ولعل هذا وراء فشل الذاكرة تماماً. ووفقاً للمعرفيون من أصحاب الرأي السابق فإن ما يسبب فشل الذاكرة ليس القلق وحده بل ما صاحبته من أفكار يرددها المرء لنفسه داخلياً وترد له تلقائياً.

ثالثاً: وفقاً لنظرية التحليل النفسي فإن الانفعالات تؤثر على الذاكرة بموجب مفهوم الكبت. فبعض الخبرات الانفعالية خلال الطفولة الباكرة قد تكون صدمية Traumatic شديدة الواقع إلى درجة أن السماح بدخولها لمستوى الوعي أو الشعور، أي استدعائها واسترجاعها بعد سنوات عديدة لمستوى الشعور، قد يكون شديد التهديد بحيث يغمر القلق الشخصية تماماً (وذلك لا ينطبق بالطبع على المثال الذي سبق ذكره عن القلق أثناء الامتحان).

ومثل هذه الخبرات الأولى ما يرتبط بها من خبرات لاحقة يتم الاحتفاظ بها في اللاشعور. والكبت وفقاً لفرويد يمثل فشلاً كاملاً للاسترجاع، إذ يقف حائلاً نشطاً أمام محاولات الدخول إلى تلك الذكريات واسترجاعها على مستوى الشعور. وتأتي الأدلة المؤيدة لمفهوم الكبت من الحالات المرضية التي تتعرض للعلاج النفسي.

الفصل الخامس
النسيان: نعمة ونقمة

أشتمل هذا الفصل على:

- 📖   تعريف النسيان.
- 📖   النسيان نعمة ونقمة.
- 📖   العوامل التي تؤدي إلى النسيان.
- 📖   عوامل تقليل النسيان.

الفصل الخامس

5

النسيان: نعمة ونقمة

تعريف النسيان:

- النسيان Forgetting: عكس التذكر.
- النسيان: هو عملية عقلية يفقد الإنسان بها بعض المعلومات والخبرات والأحداث التي قام باختزانها في عقله وذلك لأسباب عديدة.
- النسيان: هو الخبرة السابقة مع عجز الشخص في اللحظة الراهنة عن استعادتها واستخدامها.

النسيان نعمة ونقمة:

- النسيان: نعمة، فالإنسان عندما ينسى موقفاً صعباً أو مريراً مر بحياته أو فقده إنساناً عزيزاً عليه.. فهذا النسيان نعمة من نعم اللـه على الإنسان.
- والنسيان مفيد جداً، فبدونه سيحمل الناس الذاكرة قصيرة المدى فوق طاقتها ويؤدي ذلك إلى انقطاع التعلم. كذلك قد تكون مشكلة إذا استطعنا التذكر بشكل دائم كل جملة قرأت من قبل.

- النسيان: نقمة، فالنسيان عندما يرتبط بحالة مرضية أو سنية أو لظروف خارجة عن الإنسان أو نتيجة لإعاقة معينة.. أو أن النسيان يكون سبباً في فشل الطالب في دراسته أو فشل موظف في وظيفته أو التقدم في حياته.. فيكون النسيان هنا حالة مرفوضة وملفوظة وغير مرغوبة.

- النسيان: يؤدي إلى حدوث حالة من عدم الارتياح والسرور.

- نسيان الواقع إلى حد الإسراف قد يؤدي إلى سوء تكييف حاد كالفصام على سبيل المثال.

العوامل التي تؤدي إلى النسيان:

النسيان قد يرجع لمشكلة في تخزين المعلومات أو نتيجة كثرة المعلومات التي يتعرض لها الإنسان (زيادة التحميل بالمعلومات) أو نتيجة مرض عضوي في المخ (مثل: الأورام أو ضعف خلال المخ في المنطقة المسئولة عن التذكر) أو في الجسم (مثل: الحميات وأمراض سوء التغذية والأنيميا) أو بسبب مرض نفسي (مثل: الخوف المرضي والقلق المرضي) أو مرض عقلي (مثل: الذهان والصرع وانفصام الشخصية) أو لمعاناة الشخص من أمراض الشيخوخة..

في ضوء ما سبق يمكن تحديد عوامل عديدة تؤدي إلى النسيان، نذكر أهمها في التالي:

1- عدم استخدام المعلومات المخزنة لفترة طويلة نسبياً.

2- عدم أهمية المعلومات التي تم نسيانها لدراسة أو عمل أو حياة الإنسان.

3- عدم معرفة أهمية المعلومات التي تم نسيانها.

4- رغبة الإنسان في نسيان هذه المعلومات نظراً لأنها على سبيل المثال: حزينة، أو مخزية أو مريرة.

5- مشكلات في استقبال المعلومات.
6- تشابه المعلومات المخزنة.
7- تداخل Interference المعلومات المخزنة.
8- تضارب المعلومات المخزنة.
9- الخوف.
10- الاضطراب.
11- القلق النفسي.
12- فقدان الذاكرة.
13- سوء استخدام الأدوية.
14- تعاطي المخدرات والمسكرات.

فعلى سبيل المثال يمكن شرح بعض هذه العوامل كالتالي:

فقدان الذاكرة:

يقصد بفقدان الذاكرة حدوث فجوة في الذاكرة تشمل نسيان كامل للأحداث والتي كان من الممكن استدعائها من قبل. وينسى ضحايا فقدان الذاكرة كل شيء حتى أنفسهم، ولكن يتبقى عندهم جزء من الذاكرة أساسي مثل: تذكر العمليات الحسابية مثل الجمع والطرح والقراءة والكتابة، ويفقد الفرد الذاكرة بسبب عوامل نفسية أو شرب الكحوليات أو سوء استخدام الأدوية وسوء التغذية.

سوء استخدام الأدوية:

إن زيادة الجرعات من بعض الأدوية مثل: النيكوتين والكافيين يؤثران سلبياً على المعلومات الموجودة في الذاكرة طويلة الأجل. وحتى بالنسبة للأدوية العادية يمكن

حدوث مشكلات في الذاكرة إذا لم تأخذ الجرعات بطريقة سليمة. وهناك أدوية أخرى تعرقل وتوقف الذاكرة لمدة بضع ساعات.

تعاطي المخدرات والمسكرات:

يؤثر تعاطي المخدرات والمسكرات بالسلب على عملية التذكر للمعلومات وتزداد معدلات النسيان لدى الإنسان كلما زادت درجة التعاطي والإدمان.

المخدرات Drugs أو Narcotics هي مواد تؤثر على الجهاز العصبي المركزي بالتنشيط أو بالتثبيط أو تسبب الهلوسة والتخيلات، وتؤدي بمقتضاها إلى التعود أو الإدمان، وتضر بالإنسان صحياً واجتماعياً، وينتج عن تعاطيها أضراراً اقتصادية للفرد والمجتمع، وتحظر استعمالها الشرائع السماوية والمواثيق الدولية والقوانين المحلية.

ومن أمثلة المخدرات: الأفيون ومشتقاته والحشيش وعقاقير الهلوسة والكوكايين والمنشطات... أما الإدمان Drug Addiction هو حالة تعود قهري على تعاطي مادة معينة من المواد المخدرة بصورة دورية متكررة بحيث يلتزم المدمن بضرورة الاستمرار في استعمال هذه المادة، فإذا لم يستعملها في الموعد المحدد فلا بد أن تظهر عليه أعراض صحية ونفسية بحيث تجبره وتقهره للبحث عن هذه المادة وضرورة استعمالها.

هذا ويشرب بعض الناس الكحوليات لأنهم يعتقدون أنها تساعدهم على التعامل مع الضغوط والمشكلات التي يعانون منها. وعلى الرغم من أن الكحول قد يخدر حواسك أو يهدأ أعصابك، إلا أن التعود على الكحوليات يدمر خلايا المخ التي ليست مثل باقي الخلايا، لأنها خلايا لا يمكن تعويضها. كذلك فإن احتساءها يؤدي إلى فقدان المعادن في الجسم، ويجعل النوم مضطرباً، ويضعف القدرة الجنسية (عكس ما يعتقده كثير من الناس)، ويزيد من خطر حدوث السكتة الدماغية..

ويشرح كل من اديث واينر Edith Weiner وآرنولد براون Arnold Brown خطورة الإدمان كالتالي: يسبب الإدمان بمختلف أشكاله خسائر كبيرة للشكرات والحكومات. وتختلف أشكال الإدمان من بيئة إلى أخرى، إلا أن نتائجه وخيمة في كل الأحوال. ولم يعد إدمان شرب الكحول والمخدرات هو المشكلة الوحيدة اليوم. فهناك أيضاً استخدام المنشطات والمنبهات والمهدئات مثل أدوية الاكتئاب والأدوية التي تمنع إفراز الأدرينالين عند التعرض للانفعال، وهي تحجب أعراض الانفعال والشد العصبي مؤقتاً، وتكون نتائجها على المدى البعيد أكثر ضرراً من الانفعال نفسه.

وتنظم بعض الشركات برامج لمساعدة العاملين على اجتياز محنة الإدمان وإعادة التأهيل. وربما تقدم الهندسة الوراثية حلاً ناجحاً لهذه المشكلة، بحيث يتم تحرير العاملين من الرضوخ لكل أنواع الإدمان وعلى رأسها الكافيين والنيكوتين، وبناء قوة عمل فعالة تكرس جهودها وأفكارها للإنتاج وتستثمر الوقت بكفاءة أكبر.

7 طرق لإضافة 11 عاماً إلى حياتك:

درس باحثون أمريكيون أسلوب حياة سبعة آلاف شخص لأكثر من سبع سنوات، وكان هدفهم التعرف على عادات الناس الذين كانوا أصحاء، وعاشوا عمراً أطول، واكتشفوا أن العوامل السبعة التالية تطيل حياة الفرد بمتوسط 11 عاماً:

1- الامتناع عن التدخين.
2- الامتناع عن شرب الكحوليات أو التقليل منه.
3- ممارسة تمارين رياضية بانتظام.
4- تناول وجبة الإفطار.
5- الحفاظ على وزن طبيعي.
6- تناول وجبات منتظمة.
7- الحصول على فترة نوم كافية.

عوامل تقليل معدل النسيان:

هناك عوامل عديدة تساعد في تقليل معدل النسيان لدى الإنسان نذكر منها:

1- عدم الخوف.

2- عدم الاضطراب.

3- الثقة بالنفس.

4- المراجعة.

5- الاهتمام.

6- الانتباه.

7- الإنصات.

8- التركيز: بمعنى القدرة على تجاهل كل ما يشتت الفكر ومتابعة الأمور المهمة فقط.

9- المشاركة في الحوار.

10- محاولة الفهم لما يقال.

11- ربط ما يقال بما لديك (لربط المعلومات الجديدة بالمعلومات القديمة).

12- الاتصال اللفظي (الشفهي والمكتوب) + الاتصال غير اللفظي (لغة الجسم).

13- حسن استخدام الأدوية.

14- عدم التعاطي للمخدرات والمسكرات.

الفصل السادس
وسائل توسيع الذاكرة وتقوية التذكر

أشتمل هذا الفصل على:

- **معينات الذاكرة.**
- **وسائل توسيع الذاكرة وتقوية التذكر.**

6

الفصل السادس

وسائل توسيع الذاكرة وتقوية التذكر

مقدمة:

المنظرون في نظام معالجة المعلومات ينظرون إلى التعلم من خلال دراسة الذاكرة ونموذج المعالجة. وأن العقل الإنساني شأنه شأن الحاسب الآلي يستقبل المعلومات ويجري عمليات عليها ويقوم بإجراء تعديل على شكلها ومضمونها ويخزنها ويستدعيها عند الحاجة؛ لذا تتطلب المعالجة تجميع وتمثيل المعلومات وترميزها Encoding، والاحتفاظ بها أو تخزينها، واستدعاءها أو استرجاعها عند الحاجة Retrieval. ويعمل النظام بأكمله بواسطة عمليات التحكم Control Processes التي تحدد كيف ومتى تنساب المعلومات خلال نظام المعالجة.

ويهتم الفصل الحالي بإلقاء الضوء على بعض معينات الذاكرة وعرض بعض وسائل توسيع الذاكرة وتقوية التذكر.

معينات الذاكرة Mnemonics:

معينات الذاكرة إحدى التكتيكات الموجهة للتذكر والتي تساعد على تحويل أو

تنظيم المعلومات بهدف تحسين قدرتها على الاسترجاع، فهي عبارة عن إجراءات منتظمة لتحسين ذاكرة الفرد.

ومن هذه الإجراءات - كما يشرحها كل من عبد المجيد سيد أحمد وزكريا الشربيني - طريقة تسمى طريقة المكان Loci Method والاسم مشتق من كلمة لاتينية Locus تعني «المكان» ولاستخدام هذه الطريقة علينا أولاً تخيل مكان مألوف جداً بالنسبة لنا مثل منزلك أو شقتك، واختر بعناية بعض المواقع وضع كل بند من بنود قائمتك في أحد هذه المواقع.

وتشرح ليلى محمد صلاح مازن هذه الطريقة كالتالي:

الخطوة الأولى هي أن يمشى الفرد داخل المنزل بكافة حجراته. ثم يقوم بعمل قائمة بالأماكن المرقمة، نفرض أن الفرد يقابل أباجورة في بداية التجول فهذه تأخذ رقم 1 ثم يعطي رقم 2 للعنصر التالي الذي يقابله، ومعظم الأفراد تنجح مع حوالي 20 عنصر وتعطي هذه الطريقة نتائج فعالة، حيث وجدت دراسة G. Bower (1973) أن هذه الطريقة تسهل استدعاء عنصرين أو ثلاث مقارنة باستخدام الطرق التقليدية الأخرى، كما تساعد هذه الطريقة التلاميذ على الاحتفاظ بترتيب القائمة بطريقة سليمة.

وقد قام (G. Bower) بعمل دراسة على مجموعتين من الطلبة. المجموعة الأولى هي المجموعة التجريبية والتي تخضع للتجربة، أما المجموعة الثانية هي التي تخضع للرقابة فقط. ثم طبقت طريقة (Locie) على المجموعة الأولى ووجد أن في إمكان الطلبة استدعاء حوالي 72% من العناصر بينما المجموعة الثانية التي تستخدم الطرق التقليدية استدعت فقط 28% من العناصر.

إذا أردنا أن نتذكر معلومات لفترة زمنية طويلة يمكننا استخدام طريقة أخرى من معينات الذاكرة والتي تعرف بطريقة المختصرات أي الحروف الأولى Acronyms.

باستخدام هذا التكنيك ما عليك إلا أن نأخذ أول حرف من الكلمات المراد تذكرها ونشكل بها كلمة (ولا يشترط أن تكون كلمة ذات معنى). ومن الأمثلة المشهورة في هذا الشأن في مجال الإدارة: مصطلح SMART ومصطلح SWOT.

وتعتبر طريقة الكلمة الدليلية Keyword Method أكثر معينات الذاكرة انتشاراً واستخداماً مع التلاميذ وإن شابها بعض الصعوبات. وتتكون هذه الطريقة من مرحلتين. على سبيل المثال، إذا أردنا تذكر كلمة أجنبية أولا اختر الكلمة العربية ويفضل أن تكون اسماً مادياً يشبه في تلفظ الكلمة الأجنبية أو جزء منها، ثم نقوم بربط الكلمة الأجنبية مع الكلمة العربية عن طريق صورة أو جملة وتصبح في هذه الحالة الكلمة الدليلية.

وسائل توسيع الذاكرة وتقوية التذكر:

هناك وسائل عديدة لتوسيع الذاكرة لدى الإنسان وتقوية التذكر لديه، نذكر أهمها في التالي:

1- الإنصات.
2- القراءة.
3- الملاحظة.
4- حل المسائل والألغاز.
5- تحسين التركيز.
6- استخدام أكثر من حاسة.
7- الرياضة.
8- النوم.
9- المحافظة على الصحة.
10- المشاركة الإيجابية.

وكمثال على هذه الوسائل سيتم شرح بعضها كالتالي:

أولا: القراءة:

سيتم شرح هذه الوسيلة بالتفصيل في الفصول القادمة.

ثانياً: تحسين التركيز:

هناك أساليب عملية لتحسين عملية التركيز نذكر منها:

1- تواجد نية التذكر.

2- عدم السرحان.

3- تقليل التشتت الفكري.

4- هدوء مكان المذاكرة أو مكان العمل.

5- ربط المعلومات الجديدة التي يرغب الإنسان في تذكرها بشيء معروف من قبل.

6- الاسترخاء.

ثالثاً: النوم:

النوم هام جدا لأي كائن حي. إذا لم يحدث يمرض الكائن الحي ثم يموت. لذلك فإن النوم إحدى الحاجات الفسيولوجية الرئيسية للكائن الحي، بمعنى أن النوم حاجة إذا لم تشبع ويتكرر إشباعها يوميا فإن الكائن الحي يضطرب ثم يموت.

ويشير كل من اديث واينر (Edith Weiner) وأرنولد براون (Arnold Brown) إلى أن النوم من العوامل الأساسية التي تؤثر على إيقاعنا اليومي. وتختلف أنماط ومدد نوم كل منا بشكل واضح عن الآخرين، غير أننا نشترك جميعا في حاجتنا إلى النوم وبصفة عامة فإن الإنسان الناضج Adult المفروض لا يقل ساعات نومه عن 6

ساعات. والمعدل المثالي هو 8 ساعات، ليلاً وليس نهاراً. وننصح أيضا أن ينام الإنسان لمدة نصف ساعة أو ساعة قيلولة بعد عودته من العمل.

ويؤكد أرثور روشان أن الإنسان غير مهيأ للعمل من الساعة الثامنة صباحاً وحتى منتصف الليل بدون انتعاشة تأتي من نوم القيلولة الذي يجدد جميع القوى الحيوية لدى الإنسان.

هذا ويمكن تحديد مراحل النوم لدى الإنسان في الآتي:

1- حالة اليقظة.

2- حالة النوم المصحوب بالأحلام.

3- حالة النوم العميق.

وللنوم فوائد عديدة يمكن تحديد أهمها في الآتي:

1- يساعد في عملية النمو.

2- يحقق الراحة البدنية.

3- يحقق الراحة الذهنية.

4- النوم يساعد الإنسان على اختزان المعلومات وعلى تقوية الذاكرة.

5- تفرز الغدد كميات أكبر من هرمونات النمو أثناء النوم.

6- التعافي السريع من المرض.

ومن نتائج عدم الحصول على قسط كاف من النوم نذكر:

1- حالة من التعب البدني.

2- صعوبة اختزان المعلومات.

3- ضعف الذاكرة.

4- قلة التركيز.

5- حالة من الارتباك الفكري.

6- انخفاض الإنتاجية.

وينتج الأرق في العادة عن اضطراب مواعيد النوم أو الضغوط النفسية أو المرض. وللتخلص من الأرق ينصح بإتباع الآتي:

1- عدم تناول المواد المنبهة ومنها الكافيين قبل النوم بمدة كافية.

2- ممارسة التمارين الرياضية بصفة منتظمة.

3- عدم النوم أثناء النهار.

4- مساعدة الجسم على الاسترخاء من خلال القراءة والحمام الساخن.

5- عدم دخول الفراش إلا في حالة الشعور بالنعاس أو التعب.

6- عدم استخدام السرير بديلاً للمكتب وصالة الجلوس.

7- عند الشعور بالأرق، يستحسن ترك الفراش والعودة للقراءة في المكتب أو لمشاهدة التليفزيون ريثما يعود النعاس من جديد.

رابعاً: المشاركة الإيجابية:

عندما يشارك الإنسان في الحوار والنقاش يسهل عليه فهمها وتثبت لديه المعلومات ويستطيع تذكرها بسهولة. والعكس صحيح.

خامساً: استخدام أكثر من حاسة:

إن استخدام الوسائل الحسية والممارسة العملية المشخصة يؤدي إلى الحصول على خبرات واضحة أكثر ثباتاً في الذهن، ويستطيع الإنسان تذكرها بسهولة.

وكلما استخدم الإنسان أكثر من حاسة في التعرف على البيئة المحيطة به وفي المعلومات التي يحصل عليها سواء من كتاب أو تقرير أو من الآخرين، فإن المعلومات تثبت لدى الإنسان ويستطيع تذكرها بسهولة. والعكس صحيح.

سادساً: المحافظة على الصحة:

شعار هذا العنوان هو:

«العقل السليم في الجسم السليم»
"The Sound Mind in the Sound Body"

ويقول سقراط أنه ليس هناك مرض جسدي بعيد عن العقل، فجسدك آلة متقدمة، تحتاج إلى عناية مستمرة وانتباه لكي تعمل بشكل صحيح. ويا للأسف البعض منا يستخف بجسده، بينما يرعى سيارته والأجهزة الكهربائية المنزلية لديه بطريقة أفضل مما يفعل مع نفسه.

«هل تهتم بصحتك» سؤال نادراً ما نسأله لأنفسنا. فنحن نهرب من هذا السؤال، لأن الإجابة عنه سوف تسئ إلينا بشكل عام.. فغالبا ما نتناول الطعام بكثرة وبطريقة سيئة، ونادرا ما نمارس التمارين الرياضية. وفي معظم الأمور لا نذهب إلى الطبيب إلا عند اشتداد المرض، وعلى مدار اليوم نشرب أكواب الشاي والقهوة بكثرة، ونمارس عادة التدخين بشراهة، أما العناية بالجسم ونظافته فنقوم بها ولكن بشكل غير كامل، ونومنا في كثير من الأحيان أقل من المعدل المطلوب.. والقائمة تطول.

«الصحة تاج على رؤوس الأصحاء». وحتى نهتم بصحتنا لا بد من أن نراعي ونطبق النصائح المفيدة الآتية:

1- الحاجة إلى تطبيق نظام غذائي سليم من حيث الكم والنوع، البالغ يحتاج إلى 2400 سعرة حرارية في اليوم، وعليه تحقيق التوازن النوعي بين المجموعات الغذائية

الآتية الدهون، السكريات، البروتينات، الفيتامينات، المعادن، والألياف الغذائية.

2- الحاجة إلى التمارين الرياضية: كل إنسان يحتاج إلى شيء من التمارين الرياضية ليحتفظ بعضلات جسمه في حالة سليمة. وإذا عرفنا أن الجزء الأكبر من أجسامنا يتركب من عضلات، فإننا ندرك أهمية هذه التمرينات، والقدر المناسب منها هو الذي يحدث شعوراً بالانتعاش وليس بالإرهاق.

3- الحاجة إلى النظافة «النظافة من الإيمان» وهي تحمي الإنسان من كثير من الأمراض. وعلينا العناية بكل أجزاء الجسم، سواء أكانت العينين أم الجلد أم الشعر أم الأظفار أم الأذنين أم الأسنان.. الخ.

4- الحاجة إلى الراحة: النوم خير وسيلة للراحة ويجب أن ينال الإنسان قسطا كافيا من النوم في كل يوم. والقدر المناسب من النوم بالنسبة إلى البالغ حوالي 8 ساعات يوميا، فالشبكة العصبية لدى الإنسان في حاجة إلى الراحة بالابتعاد عن النشاط أو الإجهاد. كما أن النوم يساعد المخ على استعادة المعلومات المخزنة وتقوية الذاكرة.

يقول شكسبير: «النوم أعظم غذاء على مائدة الحياة».

5- الحاجة إلى الرعاية الصحية: من العادات الصحية المطلوب اكتسابها في هذا الخصوص الذهاب إلى المراكز الصحية لإجراء الكشف الصحي العام والفحوصات اللازمة كل ستة أشهر، أو كل سنة على الأكثر، من

منطلق أن الوقاية خير من العلاج.

فمعرفة المرض في بدايته والاكتشاف المبكر له يسهلان علاجه والشفاء منه في وقت قصير، وكذلك يجب الذهاب إلى الطبيب مباشرة عند الإحساس بأي ألم، حيث أن الألم نعمة من الله تعمل كإشارة تحذير وإنذار لتشير إلى أن هناك خللا أو مرضا لدى الإنسان.

الاستقصاء

حبذا لو تجيب بـ (نعم) أو (أحيانا) أو (لا) عن الأسئلة التالية:

1- هل تتناول وجبة الإفطار كل صباح؟

نعم ❑ أحياناً ❑ لا ❑

2- هل غذاؤك بصفة عامة متوازن من حيث النوع والكم؟

نعم ❑ أحياناً ❑ لا ❑

3- هل تحرص على تناول الخضراوات والفواكه الطازجة في وجبة الغذاء الرئيسة؟

نعم ❑ أحياناً ❑ لا ❑

4- هل تتناول كثيرا من الوجبات الغذائية في مطاعم خارج المنزل؟

نعم ❑ أحياناً ❑ لا ❑

5- هل تشرب الشاي أو القهوة أو النسكافيه بكثرة؟

نعم ❑ أحياناً ❑ لا ❑

6- هل تدخن السجائر أو البايب أو الشيشة ؟

نعم ❑ أحياناً ❑ لا ❑

7- هل تغسل يديك قبل تناول الطعام؟

نعم ❑ أحياناً ❑ لا ❑

8- هل تنظف أسنانك بالفرشاة والمعجون ثلاث مرات يوميا؟

نعم ❑ أحياناً ❑ لا ❑

9- هل تستحم بشكل منتظم ودوري، وكلما استدعى الأمر؟

☐ نعم   ☐ أحياناً   ☐ لا

10- هل تمارس بعض التمرينات الرياضية؟

☐ نعم   ☐ أحياناً   ☐ لا

11- هل يتناسب وزنك مع طولك وسنك وعمرك؟

☐ نعم   ☐ أحياناً   ☐ لا

12- هل تنام في المتوسط 8 ساعات يوميا؟

☐ نعم   ☐ أحياناً   ☐ لا

13- هل تذهب للكشف الدوري العام على جسمك مرة في السنة؟

☐ نعم   ☐ أحياناً   ☐ لا

14- هل تذهب إلى الطبيب مباشرة عند إحساسك بالألم؟

☐ نعم   ☐ أحياناً   ☐ لا

15- إذا مرضت، هل تحرص على تناول الدواء بانتظام، وفي مواعيده المحددة؟

☐ نعم   ☐ أحياناً   ☐ لا

16- هل الصيدلية المنزلية الموجودة في بيتك تحتوي على الأدوية والإسعافات الأولية اللازمة لحالات الطوارئ؟

☐ نعم   ☐ أحياناً   ☐ لا

17- هل تجنب نفسك مواقف الشدة والقلق والضغوط التي قد تؤثر في صحتك؟

☐ نعم   ☐ أحياناً   ☐ لا

18- هل تنام مبكراً وتستيقظ مبكراً؟

نعم ❑ أحياناً ❑ لا ❑

19- هل تقرأ كتباً أو مجلات أو مقالات عن الصحة؟

نعم ❑ أحياناً ❑ لا ❑

20- إذا سمعت نصيحة طبية مفيدة لك هل تستفيد منها؟

نعم ❑ أحياناً ❑ لا ❑

12- في رأيك، هل تهمل صحتك بشكل عام؟

نعم ❑ أحياناً ❑ لا ❑

التعليمات:

1- أعط لنفسك درجتين في حالة الإجابة بـ (نعم) ودرجة واحدة في حالة الإجابة بـ (أحياناً)، وصفر في حالة الإجابة بـ (لا) عن جميع الأسئلة، عدا الأسئلة 4، 5، 6، 21.

2- أعط لنفسك درجتين في حالة الإجابة بـ (لا) ودرجة واحدة في حالة الإجابة بـ (أحياناً)، وصفر في حالة الإجابة بـ (نعم) عن الأسئلة، عدا الأسئلة 4، 5، 6، 21.

3- أجمع درجاتك عن جميع الأسئلة.

تفسير النتائج:

أ- إذا حصلت على 15 درجة فأكثر فأنت تهتم بصحتك بدرجة كبيرة، وهذا هو المطلوب منك. استمر على ما تقوم به، ولن تعاني من مشكلات صحية في المستقبل بإذن الـلـه.

ب- إذا حصلت على 14-8 درجات فأنت تهتم بصحتك بدرجة متوسطة. يرجى

مراجعة إجاباتك مرة ثانية لمعرفة الأشياء التي تهتم بها بالنسبة إلى العناية بصحتك.

ج - إذا حصلت على 7 درجات فأقل فأنت لا تهتم بصحتك وتهملها، والنتيجة المتوقعة إما أنك تعاني حالياً، أو ستعاني مستقبلا، من بعض المشكلات الصحية، وسوف تدرك أهمية الصحة بعد فوات الأوان، ننصحك أن تبدأ من الآن بدلا من الندم بعد ذلك.

غيّر من عادات الغذاء لديك، مارس بعض التمرينات الرياضية. اهتم بالنظافة الشاملة لجسمك، نم مبكرا واستيقظ مبكراً، ووفر الرعاية الصحية لنفسك.

أخيراً، نختتم هذا الاستقصاء بقول الله تعالى:"يا بني آدم خذوا زينتكم عند كل مسجد وكلوا واشربوا ولا تسرفوا إنه لا يحب المسرفين(31) صدق الله العظيم (سورة الأعراف - آية 31).

سابعاً: التغذية:

نحن نأكل لنعيش، ولا نعيش لنأكل، وما نأكله يحدد إلى درجة كبيرة كيف نحيا وكيف نذاكر وكيف نعمل. ما نتناوله من طعام يؤثر على سلوكنا وعلى دراستنا وعلى إنتاجيتنا.

كل ما هو مفيد للجسم مفيد للعقل؛ تغذية متوازنة وسليمة من شأنها إمداد المخ بالمغذيات اللازمة لحسن تشغيله. ويشرح هذا الموضوع مصطفى شكيب - كالتالي: غذاء سليم يقود إلى أفضل النتائج. السكريات البطيئة (الخبز الكامل، المعجنات، الأرز، الحبوب الكاملة،....) مفيدة للذاكرة بعكس السكريات السريعة الهضم (حلويات، خبز أبيض،...) التي يجب تجنبها.

اختر الغذاء الذي يحتوي على الفيتامينات والحديد والفوسفور واليود... فعلى سبيل المثال، فيتامين ب1 يلعب دوراً هاماً في الإبقاء على الانتباه، ومن المفيد تناوله في التطور لاستمرار التركيز طوال اليوم لتكن وجبة فطورك مشتملة على حبوب أو خبز كامل.

ويوضح كل من اديث واينر (Edith Weiner) وآرنولد براون (Arnold Brown) أهمية الغذاء في حياتنا كالتالي: فقد لوحظ في بريطانيا أن تزويد طلبة المدارس بالأملاح المعدنية والفيتامينات أدى إلى ارتفاع مستوى ذكائهم. وقد بينت إحدى الدراسات الأمريكية أن نوعية الطعام تؤثر على السلوك. فالمواد النشوية والسكرية تؤدي إلى النزق وحدة الطبع. فإذا وجدت رئيسك في العمل حاد المزاج بصورة دائمة، يمكنك أن تخمن أن نسبة السكريات في غذائه مرتفعة.

لذلك تعتبر العودة إلى المواد العضوية كالخضروات والفواكه في الطعام من السلوكيات الحميدة. وقد بدأت شركات الأغذية بإنتاج مواد يطلق عليها «فيلوكيماويات» وهي مركبات تقوي جهاز المناعة في الجسم وتساعد على مقاومة الأمراض، وعند إضافتها إلى الأطعمة المختلفة تزيد من قيمتها الغذائية وتشكل قيمة مضافة ووقاية للجسم.

وترى الدكتورة سارة ليبووتز أستاذ دواء الأعضاء في جامعة روكفلر أن المخ يحاول تحقيق توازن للطاقة داخل الجسم، وذلك من خلال تنظيم الشهية وعمليات بناء وهدم الأنسجة والخلايا. وهذا يؤدي إلى تحديد الحالة المزاجية والطاقة والقدرة على مقاومة الضغوط التي نتعرض لها.

يقول الكاتب الكولومبي الفائز بجائزة نوبل للآداب: «الحب يربك الجهاز الهضمي». وقد ثبت أن الانفعال الزائد مثل الدخول في نقاش حاد مع زميل أو مدير يؤدي إلى سوء هضم الطعام واضطراب المعدة. وتنصح الدكتورة ليبووتز المدير الذي سيحضر اجتماعاً في الساعة العاشرة صباحاً بأن لا يأكل الحلوى في الساعة

التاسعة صباحاً، لأن تأثير الحلوى الذي يبدأ بعد ساعة يقلل من قدرة المدير على التفاوض والتركيز. كما تنصح بالتقليل من شرب القهوة لأنها تؤدي إلى الإفراط في الانتباه، ومن ثم المبالغة في الحكم على الأشياء واتخاذ القرارات.

وكلما زادت معرفة الإدارة بتأثير نظام التغذية على الأداء، كلما ركزت على توعية العاملين بأهمية جودة الغذاء وتوازنه. وقد وضعت شركات يابانية وأمريكية نظماً خاصة للتأكد من أن العاملين في بعض المراكز الحساسة يتناولون وجبة الإفطار بصورة منتظمة. وهناك شركات تقدم حوافز خاصة لمن يحافظون على نسب كوليسترول منخفضة، ولمن يحرصون على عدم زيادة أوزانهم. من هذا المنظور لم تعد النشاطات الرياضية في الشركات نوعاً من الرفاهية.

إن سوء التغذية هو انحراف عن الحالة الغذائية الطبيعية بالزيادة أو النقص في عنصر أو أكثر من العناصر الغذائية، ولقد أظهرت الدراسات أن التحولات التي طرأت على أسلوب الحياة والوجبات السريعة مشكلة بدأت تظهر في البلاد العربية، وأهم انعكاس لها هو الإصابة بالبدانة، خاصة بين الذين ينتمون للمجتمعات الحضرية ذات الدخول المرتفعة؛ مما يشكل عبئاً على الأفراد والأنظمة الصحية (10% معرضون لخطر زيادة الوزن، 4% كانوا زائدي الوزن).

كما أن الإصابة بالأنيميا (نقص الحديد) تصيب نسبة كبيرة من المراهقين، وتؤثر على صحتهم سلباً. وعلى سبيل المثال في مصر فإنها تصيب ما يقرب من ثلث المراهقين، والإصابة بسوء التغذية بالبروتين والطاقة من المشكلات الهامة التي تؤدي إلى تقزُّم المراهقين، وفي مصر أظهر المسح القومي للمراهقين أن 17% منهم قد تقزَّم.

شرب الماء هام جداً وخاصة في الصيف. نقص شرب الماء يتسبب في انخفاض مستوى الأداء الجسماني، وقد يؤدي هذا بدوره إلى قلة التركيز.

أما بالنسبة لشرب الشاي والقهوة والنسكافيه.. فهم يساعدوا في عملية الاستيقاظ وزيادة التركيز، لأن مادة الكافيين تزيد قليلاً من القدرات الذهنية.. ولكن عليك تناول هذه المواد باعتدال كبير.

وفي المقابل الكحول مضر بالذاكرة وعدوها الحقيقي. لا ينصح باستهلاكه ولو بجرعات قليلة، حتى ولو بدت الوهلة الأولى نوعاً من التنشيط.

ثامناً: ممارسة الرياضة:

كانت التربية الرياضية من أولى المجالات المرتبطة بتنمية الشخصية والتي أدخلت في مناهج المدارس والكليات.

ولقد بلغت التربية الرياضية في الوقت الحاضر من الخصوبة حداً جعلها من أهم الأنشطة الطلابية التي تسهم في تنمية الشخصية وتحقيق الاسترخاء والتخلص من التوتر وتنمية سلوك التعاون (خاصة عند ممارسة الألعاب الجماعية)...

والتربية الرياضية تشمل تلك الأنشطة التي تهدف أولاً إلى النمو العضوي المهاري للفرد، فهي أنشطة تساعد الفرد في النمو الجسماني والحركي والتوافق العضلي العصبي، وإن كان هناك نمو عاطفي فهو ناتج ثانوي لهدف التربية الرياضية.

أكد باحثون أميركيون أن التمرينات الرياضية ترفع القدرات العقلية من خلال تجديد خلايا المخ في منطقة لها صلة بالذاكرة.

واكتشف الباحثون من خلال التجارب التي أجروها على الفئران أن خلايا جديدة تكونت في المخ في منطقة يطلق عليها اسم التلفيف المسنن، وهي جزء من قرن أمون المعروف بتأثره بضعف الذاكرة مع تقدم العمر، والذي يبدأ في سن (30) عاماً تقريباً بالنسبة لأغلب البشر.

وقد استخدم الباحثون في تجاربهم التصوير بالرنين المغناطيسي لتوثيق العملية لدى الفئران، كما استعانوا به لدراسة المخ البشري قبل التمرينات الرياضية وبعدها، ورصدوا أنماطاً مماثلة بين المجموعتين، الأمر الذي يشير إلى نمو خلايا جديدة في مخ الذين يمارسون التمرينات الرياضية.

كذلك أثبتت البحوث والدراسات أن ممارسة الرياضة المناسبة له دور في الشعور بالسعادة والاستمتاع بالحياة وتجديد النشاط والحد من الغضب وتخفيف حدة التوتر والتنفيس عن المشاعر السلبية نتيجة الإرهاق في العمل وصعوبات التعامل مع الآخرين.

والجدول التالي يوضح النتائج الإيجابية للألعاب المختلفة على جوانب: القدرة على التحمل، والمرونة، والقوة، وتكوين العلاقات مع الآخرين (العلاقات الاجتماعية):

مفتاح الجدول:

تأثير ممتاز   = ****

تأثير جيد جداً   = ***

تأثير مفيد   = **

تأثير متدن = *

جدول رقم (4)

النتائج الإيجابية للألعاب المختلفة

العلاقات مع الآخرين	القوة	المرونة	القدرة على التحمل	الرياضة
***	***	****	***	كرة السلة
***	**	***	***	كرة القدم
**	***	***	***	السباحة
**	**	***	***	التنس
*	***	**	****	الدراجات
*	**	*	**	المشي
*	**	**	****	الجري
**	**	**	**	الجولف

تاسعاً: حل المسائل والألغاز والكلمات المتقاطعة:

تساهم حل المسائل والألغاز والكلمات المتقاطعة في توسيع الذاكرة وتقوية عملية التذكر. والآتي بعض الأمثلة:

1- كم مربع في هذا الشكل؟

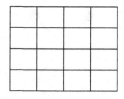

2- صل النقاط كلها بأربع خطوط مستقيمة فقط دون الإعادة على أي خط:

● ● ●

● ● ●

● ● ●

3- أعد ترتيب هذه الأعواد ليتكون عندك 7 معينات:

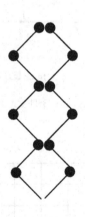

4- سودوكو Su Do Ku: تتكون لعبة سودوكو من مربع كبير يضم 9 مربعات مقسمة إلى 81 مربعاً صغيراً.. ومهمتك أن تملأ تلك المربعات بالأرقام من 1 إلى 9 بشرط عدم تكرار أي رقم في المربع الكبير أو في أي خط رأسي أو أفقي ويعتمد حل اللعبة، والتي يصفها البعض بأنها لعبة القرن الـ 21، على استخدام التحليل والمنطق وليس القدرات الحسابية.

	9			2	1			3
7			4			6		
	1		8		6		4	
5		1						
				9				
		6				2		5
	3		9		2		8	
		6			3			7
4			1	8			2	

الفصل السابع
ماهية القراءة

أشتمل هذا الفصل على:

- 📖 تعريف القراءة.
- 📖 أهمية القراءة.
- 📖 تمـــرين.
- 📖 صعوبات القراءة.
- 📖 تمرين.
- 📖 أسباب العزوف عن القراءة.
- 📖 تمرين.
- 📖 كيف نتغلب على هذه الأسباب.
- 📖 خصائص القارئ الناضج.
- 📖 خصائص المادة المقروءة الممتازة.

الفصل السابع

7 ماهية القراءة

تعريف القراءة:

القراءة: فناً لغوياً له دوره الفعال في شتى مجالات الحياة للإنسان.

من مهارات الاتصال مهارة القراءة Reading Skill. وعلى كل من المرسل والمستقبل اكتساب مهارة القراءة لكل أنواع الاتصالات المكتوبة سواء كانت تقرير أو خطاب أو مذكرة أو فاكس أو بريد إلكتروني..

والقراءة تعتبر لغة منطوقة Spoken Language وهذا النوع من اللغات يستخدمه الإنسان للاتصال بالآخرين من خلال الحديث والحوار Dialog معهم. ويطلق عليها أحياناً بالاتصال الشفهي Vocal Communication.

وأول أمر صدر لجميع المسلمين جاء في أول آية قرآنية نزلت على سيدنا محمد صلى اللـه عليه وسلم، حيث يقول اللـه سبحانه وتعالى: "اقرأ باسم ربك الذي خلق (1) خلق الإنسان من علق(2) اقرأ وربك الأكرم الذي علم بالقلم(4) علم الإنسان مالم يعلم(5) صدق اللـه العظيم (سورة العلق: الآيات أرقام 1 إلى 5).

لقد تحول مفهوم القراءة من مجرد نشاط بصري ينتهي بتعرف الرموز المطبوعة

والنطق بها إلى عملية بنائية نشطة يقوم فيها القارئ بدور معالج إيجابي نشط للمعرفة وليس مجرد متلق سلبي، ومن ثم فالقراءة عملية تواصل بين قارئ وكاتب حول معنى متبادل بينهما.

أهمية القراءة:

من يتأمل الآيات السابقة من سورة العلق تتجلى له مكانة القراءة في أحلى بيان وأجمل وأدق معنى وتبيان؛ فهي أول أمر للرسول الكريم صلى الله عليه وسلم باعتبار القراءة مفتاح الحياة وسرها، وذلك يتضح من تكرار الأمر (اقرأ) ومن الربط بين القراءة والعلم؛ فبالقراءة يمتلك الإنسان ناصية العلم، ومفتاح كنزه المكنون، ومنها يطل على المعرفة الإنسانية والفكر الإنساني طولاً وعرضاً واتساعاً وعمقاً، وبها يتذوق الأدب والفن ويستمتع بالحياة، وقبل هذا وذاك هي إحدى وسائل توثيق الصلة بين الإنسان وربه ودينه عن طريق قراءة القرآن الكريم والسنة المطهرة.

وتشير فايزة السيد عوض إلى أن حاجة الإنسان إلى القراءة تزداد مع ما يسود العالم من ثورة معرفية ومع ما تفرزه المطابع من إنتاج فكري ومعرفي بمعدلات هائلة يومياً، حتى أطلق عليها مسمى «الموجة الثالثة» وأصبحت المعرفة قوة تمكن الإنسان من الولوج الآمن إلى القرن الواحد والعشرين بما يتميز به من تطورات وتناقضات وتقدم تكنولوجي متلاحق الخطى، وفي خضم ذلك كله ليس من سبيل للإنسان إلا بامتلاك المعرفة والتحصن بها في مواجهة كل التحديات، ولن يتأتى له ذلك إلا بالقراءة.

وعلى الرغم من التقدم الهائل في وسائل الاتصال والمعرفة وأساليب التكنولوجيا الحديثة، إلا أن الكلمة المكتوبة لا تزال أوسع أبواب المعرفة وأطوعها، وهي باب الأمل ومتعة الاختيار والتحكم؛ فالكتاب يقرأ في كل زمان ومكان، بينما نجد

الوسائل الأخرى تفرض قيودها على الإنسان وتحكمه، ومن ثم كانت القراءة قلب كل عمل يقوم به الإنسان وأساس كل تقدم بشري.

والقراءة باب المعرفة الذي لا يغلق، وباب الفكر الذي لا ينضب، وباب الحب الذي لا ينتهي وما من أمة علت في المجد وارتفع شأنها إلا كانت القراءة وسيلتها وما من فرد استطاع أن يرقى ويتبوأ مكانة عالية إلا كان سبيله القراءة.. وكما يقول فولتير: يقود الأمم هؤلاء الذين يقرأون.

ولا غرو أن وضعها جاردنر في صدارة قائمة الذكاءات المتعددة تحت مسمى الذكاء اللغوي الذي تمثل القراءة فيه مركز القلب، وتزداد الحاجة إلى القراءة باعتبارها أحد المفاتيح المهمة للحصول على إعادة التدريب والعمل والمحافظة على البقاء الآمن والقدرة على الاستفادة من وسائل الإعلام واستخدام أساليب التقنية الحديثة من حاسوب وبريد إلكتروني والشبكة الدولية للمعلومات، وقراءة تعليمات الدواء والطعام كل ذلك يتطلب من الإنسان قدرة على القراءة بكفاءة بل وأن تصبح القراءة مصدر متعته وأداته في سبيل التعليم الذاتي المستمر مدى الحياة.

هذا ويمكن تحديد أهمية القراءة في النقاط التالية:

1- تساعد على الحصول على المعرفة.

2- تساعد على فهم الموضوع.

3- تزيد من إدراك الإنسان للأمور.

4- تنمي الثقة بالنفس.

5- تساعد على إنجاز العمل المطلوب بالصورة المتوقعة.

6- تفتح لك آفاق واسعة من الفرص في الحياة والعمل.

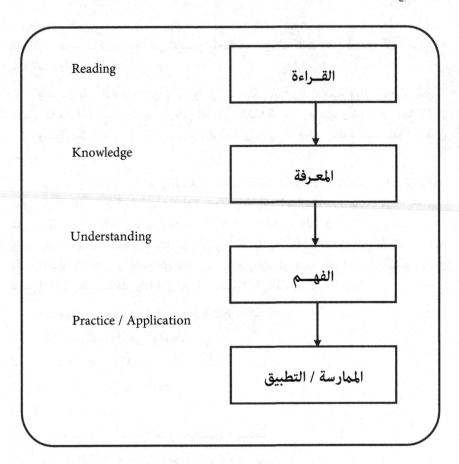

شكل رقم (4)

أهمية القراءة

تمرين:

ما هي أهمية القراءة (فوائد القراءة)؟

1- ....

2- ....

3- ....

4- ....

5- ....

6- ....

صعوبات القراءة:

هناك صعوبات عديدة للقراءة نذكر منها:

1- قصور في التعليم الأساسي لدى الشخص.

2- عدم حب القراءة.

3- الخوف عند القراءة أمام الآخرين.

4- التأتأة.

5- الثأثأة.

6- صعوبات النطق.

تمرين:

اذكر صعوبات أخرى:

1- ....

2- ....

3- ....

أسباب العزوف عن القراءة:

1- **أسباب ترجع إلى الشخص (العوامل الذاتية):**

أ- ....

ب- ....

ج- ....

2- **أسباب ترجع إلى الأسرة:**

أ- ....

ب- ....

ج- ....

3- **أسباب ترجع إلى المدرسة / الجامعة:**

أ- ....

ب- ....

ج- ....

4- **أسباب ترجع إلى العمل / المنظمة التي تعمل بها:**

أ- ....

ب- ....

ج- ....

5- **أسباب ترجع إلى المجتمع:**

أ- ....

ب- ....

ج- ....

السؤال الهام هنا: هو كيف أن نتغلب على هذه الأسباب؟

1- ....

2- ....

3- ....

4- ....

5- ....

6- ....

خصائص القارئ الناضج:

تكاد الأدبيات تجمع على أن خصائص القارئ الناضج هي:

1- يفهم ما يقرأ، ويستمتع بالقراءة، ويوظف القراءة لحل المشكلات.

2- يربط بين خبراته السابقة وموضوع القراءة.

3- يتفاعل مع المقروء ولديه حصيلة لغوية تعينه على ذلك.

4- يتعرف على الكلمات بسرعة، وإذا تعرض لكلمات غير مألوفة فإنه يستخدم السياق وصيغة الكلمة وقرائن النص لفهمها.

5- يكيف قراءته تبعاً للهدف.

6- يقوم ما يقرأ، وينقده.

7- ضرورة إلمام القارئ بالعلاقات المنطقية والفكرية.

8- يكون قارئاً مبدعاً.

9- يتنبأ بالنتائج.

خصائص المادة المقروءة الممتازة:

أولاً: الناحية الشكلية:

1- البنط المناسب.

2- العناوين الواضحة.

3- الهوامش المناسبة.

4- الخط المألوف الصريح.

5- المسافات المناسبة بين السطور.

6- الخلو من الأخطاء المطبعية.

7- الخلو من الأخطاء اللغوية.

8- استخدام الجداول والأشكال التوضيحية والصور.

9- نوعية جيدة للورق المكتوب عليه.

تمرين: أكمل

10- ....

11- ....

12- ....

ثانياً: الناحية الموضوعية (المضمون):

1- التركيز على الموضوعات المطلوب كتابتها.

2- استخدام اللغة المناسبة والبسيطة والواضحة والمباشرة والصريحة.

3- طرح الموضوعات بشكل علمي.

4- طرح الموضوعات بشكل موضوعي.

5- ترتيب الموضوعات بشكل منطقي.

6- إعطاء الأمثلة والحالات.

7- عدم الإسهاب والتطويل.

تمرين: أكمل:

8- ....

9- ....

10- ....

الفصل الثامن
أنواع القراءة

أشتمل هذا الفصل على:

أنواع القراءة

هناك أنواع عديدة من القراءة نذكر الرئيسي منها كالتالي:

1- القراءة المتعمقة والقراءة السريعة.

2- القراءة الأفقية والقراءة الرأسية.

3- القراءة الجهرية والقراءة الصامتة.

4- القراءة النامية (للتحصيل) أو للمتعة أو للنقد أو القراءة الوظيفية.

5- القراءة الثقافية والقراءة الأكاديمية والقراءة المرجعية.

ويحتاج كل منا أن يكتسب مهارة القراءة لكل هذه الأنواع، لأن لكل نوع مناسبة ووقت ومقام ومقال.

القراءة الأفقية:

هي القراءة المتعمقة غير السريعة حيث يقوم الشخص بقراءة كل فقرة وكل سطر وكل جملة. ويبدأ بقراءة المادة المقروءة من بدايتها إلى وسطها ثم إلى نهايتها بنفس الترتيب المنطقي المكتوب بها المادة المقروءة.

القراءة الرأسية:

هي القراءة غير المتعمقة إلا أنها سريعة، حيث الشخص لا يقرأ كل الفقرات وكل السطور وكل الجمل، وينتقل سريعاً من فقرة إلى أخرى، ولا يلتزم بشكل حرفي ببداية ووسط ونهاية المادة المقروءة.

القراءة الجهرية:

هي القراءة بصوت مسموع للشخص القارئ أو لأشخاص آخرين. ويلتزم القارئ هنا بقراءة المادة المقروءة بشكل كامل وحرفي دون ترك أي كلمة أو سطر أو جملة أو نقرة.

القراءة الصامتة:

هي القراءة بالعين دون همس أو تلفظ أو جهر. والقارئ هنا لا يلتزم بقراءة المادة المقروءة بشكل كامل وحرفي.

القراءة النامية (للتحصيل):

تنقسم أهداف القراءة النامية إلى:

1- أهداف القراءة الميكانيكية.
2- أهداف القراءة للفهم.

أ- أهداف القراءة الميكانيكية:

1- تنمية الثروة من المفردات.
2- تنمية مهارات تعرف الكلمات غير المألوفة.

3- تنمية العادات الجيدة لحركات العين.

4- تنمية العادات الصحية للقراءة وتناول الكتب.

5- تنمية مهارات السرعة والطلاقة في القراءة الصامتة.

6- تنمية مهارات القراءة الجهرية (وضوح الصوت - صحة النطق - دقة التعبير).

ب- أهداف القراءة للفهم:

1- تحصيل المفردات وفهم الوحدات الكبيرة (الفقرة - النص).

2- فهم تنظيم الكتابة وفهم الأفكار الرئيسية والفرعية.

3- فهم تسلسل الأحداث وملاحظة التفاصيل.

4- القدرة على تقويم المقروء.

القراءة الوظيفية:

تهدف القراءة الوظيفية إلى تمكين الشخص من مهارات تحصيل المعرفة المرتبطة بالعمل أو بالوظيفة التي يقوم بها.

تمرين:

يرجى إعطاء بعض الأمثلة:

1- ....

2- ....

3- ....

القراءة للمتعة:

تهدف القراءة للمتعة إلى تمكين الشخص من مهارات الاستمتاع بالمادة المقروءة وتذوقها. وتشمل قراءة الصحف والشعر وبعض القصص وما شابه ذلك.. وهدفها غالباً يكون الترويج عن النفس والتسلية.

القراءة الثقافية:

وتشمل الإلمام بالأولويات من كل فرع من فروع المعرفة.

القراءة الأكاديمية (الدراسية):

هذه القراءة تستوجب الفهم المتعمق لعدة مواد ليتمكن المرء من اجتياز اختبار معين أو الحصول على مؤهل دراسي يعينه على العمل وتحديد المهنة. والقراءة الأكاديمية لها عدة خصائص منها الإلمام بكل نواحي المادة المقروءة، وتتميز أيضاً بعدم وجود عامل الاختيار الحر للمادة المقروءة.

القراءة المرجعية:

نقوم بهذه القراءة عندما نرغب في البحث عن معلومات معينة قد تتطلب الإطلاع على عدة مراجع أو كتب. فعلى سبيل المثال تكون قراءتنا مرجعية عندما نبحث عن كلمة في المعجم أو ترجمة كلمة في القاموس أو تفسير لمصطلح علمي ما أو عند التحقق من معلومات جغرافية عن بلد معين..

القراءة التصويرية:

يمكن تعريف القراءة التصورية Photo Reading بأنها: القراءة السريعة والرأسية

والصامتة وقراءة ما بين السطور وفهم الأفكار المنبثقة من المادة المقروءة، مع التركيز الشديد للوصول إلى فهم سريع للمادة المقروءة في أقل وقت ممكن.

تمرين:

1- متى يحتاج الإنسان إلى القراءة المتعمقة؟

....

....

2- متى يحتاج الإنسان إلى القراءة السريعة؟

....

....

3- متى يحتاج الإنسان إلى القراءة الأفقية؟

....

....

4- متى يحتاج الإنسان إلى القراءة الرأسية؟

....

....

5 - متى يحتاج الإنسان إلى القراءة الجهرية؟

....

....

6 - متى يحتاج الإنسان إلى القراءة الصامتة؟

....

....

7- متى يحتاج الإنسان إلى قراءة التحصيل؟

....

....

8- متى يحتاج الإنسان إلى قراءة المتعة؟

....

....

9- متى يحتاج الإنسان إلى القراءة النقدية؟

....

....

10- متى يحتاج الإنسان إلى القراءة الوظيفية (أي القراءة لأداء المهمة أو الوظيفة)؟

....

....

تعريف القراءة السريعة:

القراءة السريعة أو الخاطفة أو القشدية هي القراءة الرأسية الصامتة غير المتعمقة والتي تركز على أهم الجمل في الفقرة أو الكلمات المفتاحية Key Words للمادة المقروءة.

والقراءة السريعة هي عبارة عن أسلوب للقراءة تتضاعف به كمية المادة المقروءة في وقت معين مع الاحتفاظ بكامل الاستيعاب. فالفرد الذي يتقن هذه المهارة بإمكانه في المتوسط اختزال وقت قراءة كتاب معين إلى الربع أو أقل، وهذا المتوسط يعتمد أيضاً على مستوى القارئ وثقافته ومدى إتقانه وتدريبه على هذه المهارة.

لماذا ينبغي لك أن تتقن القراءة السريعة؟

تعتبر القراءة من أهم المهارات التي يجب أن نتعلمها لكي نتواصل مع الآخرون ونواكب المعرفة، ونتعلم ما نحتاجه، لذا فنحن بحاجة أن نتعلم ونقرأ الكثير بشكل سريع في وقت قصير، وهذا ما توفره لنا مهارة القراءة السريعة.

لماذا نحتاج للقراءة السريعة؟

يجيب عن هذا السؤال الهام فؤاد أسعد عطية كالتالي: في هذا الزمان الذي يطلق عليه البعض عصر السرعة هناك عوامل عدة تدعو كل منها لمضاعفة قراءته وعمل خطة تثقيفية للرقي بمستواه، ومن هذه العوامل ما يلي:

- الارتفاع المطرد في عدد المطبوعات في العالم العربي في شتى المجالات.
- تحسن المستوى الاقتصادي نسبياً مع الانخفاض في أسعار الكتب المطبوعة باستخدام التقنية الحديثة التي سهلت للكثير اقتناء الكتب وإنشاء المكتبات المنزلية.
- متطلبات الحياة العصرية أجبرت الكثير من الناس على الإطلاع على الكتب لمعرفة أسرار هذه الحياة.

خطوات القراءة السريعة:

1- قراءة العناوين الرئيسة والفرعية والكلمات المفتاحية.

2- قراءة الفقرة الأولى والأخيرة.

3- قراءة أو جملة من الفقرات الباقية.

4- البحث عن معلومات دقيقة.

5- محاولة تجميع الملاحظات.

وهناك من حدد خطوات القراءة السريعة في الخطوات التالية:

1- تأمل العناوين الرئيسة والفرعية في الموضوع، ثم يسأل نفسه ماذا أعرف عن هذا العنوان (يبحث).

2- بعد قراءة العناوين يحاول إيجاد علاقة بين هذه العناوين وبين ما لديه من معرفة سابقة، إذا لم يفهم شيئاً يعاود قراءة العناوين مرة أخرى (يربط).

3- يقرأ النص مع التركيز على العناوين بحثاً عن الأفكار المهمة، ويمكن تحديد هذه الأفكار ثم يسجل ملاحظات (يقرأ).

4- يخطط الأفكار الرئيسة والفرعية في كل فقرة (يخطط).

5- يعيد النظر إلى النص؛ للتأكد من صحة ما كتب، ويصحح الخطأ (انظر).

ويعين هذا النشاط على الفهم والتذكر وتحديد المعلومات، ولاسيما عند قراءة النصوص الطويلة ويمكن التدريب على هذا النشاط تدريباً مستقلاً أو موجهاً.

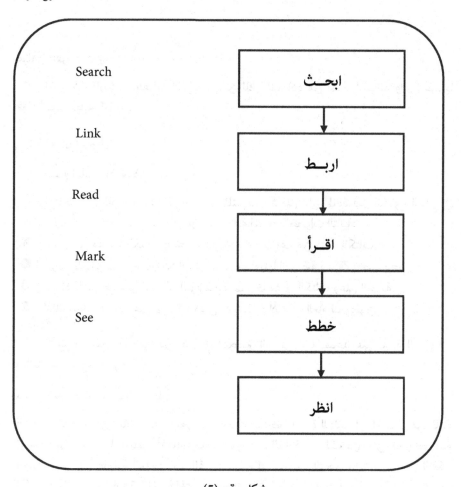

شكل رقم (5)

خطوات القراءة السريعة

مبادئ القراءة السريعة:

لتحسين مهارتك في القراءة السريعة يمكن لك الاستفادة من المبادئ التالية والتي عرضها فؤاد أسعد عطية كما يلي:

أولاً: المبادئ الرئيسية:

أ-   مسح المادة المقروءة:

ويتلخص في القيام بعملية مرور سريع للتعرف الشكلي على المادة قبل الشروع الفعلي في قراءتها. فمثلاً عند قراءة كتاب ما يمكن أن تتم عملية المسح بالخطوات التالية:

● الإطلاع على مقدمة الكتاب والتعرف على أهداف المؤلف من كتابة الكتاب.
● التعرف على أبواب أو فصول الكتاب الرئيسية وعناوينها العريضة وعلاقة بعضها ببعض.
● إلقاء نظرة سريعة على الأشكال التوضيحية المستخدمة في الكتاب وعلى الخاتمة.
● وكذلك ينبغي التعرف على الموضوع وعلى الأهداف والأسلوب العام للموضوع.

وعملية المسح هذه لها دور كبير في التحضير الذهني مما يساعد على سرعة الاستيعاب وبالتالي على سرعة القراءة.

ب- إتقان أسلوب القراءة المطردة:

اعتاد كثير من الناس منذ الصغر على عملية التراجع لقراءة الكلمة أو الكلمات مرة ثانية أو عدة مرات وأحياناً السطر بأكمله، وقد تستمر هذه العادة مع الشخص حتى الكبر مع عدم وجود المبرر لها. فعملية التراجع عند القراءة تؤدي إلى تشتيت الذهن وإعاقة تسلسل الأفكار لإكمال الصورة وترسيخ فكرة المادة المقروءة. ويعتبر التراجع من أكبر عوائق القراءة السريعة.

ومن السهل من هذه العادة بالإصرار على عدم التراجع أو التوقف، بل محاولة الاستمرار في القراءة، وبالطبع في المحاولات الأولى ستقل درجة استيعاب المادة المقروءة ولكنها بعد التمرس ترتفع ثانية إلى ما كتبت عليه سابقاً أو أكثر.

ج- استخدام القراءة العينية المنتظمة:

إن عملية الجهر بالقراءة أو مجرد تحريك الشفاه تستغرق وقتاً أكبر وتتطلب جهداً أكثر ويعتبر ذلك أيضاً من أكبر معوقات القراءة السريعة؛ ولذا يجب اجتناب تحريك العينين بدرجة كبيرة بين بداية السطر ونهايته وباعتياد ذلك يتوسع مدى العين وتتمكن من التقاط كلمات السطر في نظرة واحدة وبصورة منتظمة ومتتابعة لكل سطر أو لكل مجموعة من الكلمات. ولا يمكن تحقيق هذا إلا بعد التخلص نهائياً من عملية التراجع السابقة الذكر عند القراءة. فتطبيق هذه العملية سيريح العين وينظم حركتها وسيؤدي في الوقت نفسه إلى مضاعفة سرعة القراءة.

د- التعايش مع المادة المقروءة:

هذا المبدأ مرتبط بسابقه، ويعني التركيز التام ومحاولة التعايش الخيالي في جو الفكرة وربط أجزائها ببعض للوصول إلى الصورة النهائية لمفهوم الموضوع المقروء. وهذا العنصر له مردود كبير أيضاً في سرعة استيعاب الفكرة وترسيخها في الذهن بالإضافة إلى زيادة سرعة القراءة.

ثانياً: العوامل الفرعية:

هناك أيضاً بعض الصعوبات التي تبدو وكأنها قليلة الأهمية، ولكن لها دور كبير منها:

أ - الجلسة الصحيحة:

عند القراءة يجب الجلوس جلسة صحيحة ومريحة بدون الاسترخاء التام؛ حيث إن الجلسة الخاطئة تعيق الدورة الدموية التي تؤدي إلى تدني سرعة الاستيعاب، أما الاسترخاء فيفقد التركيز. ولكن يمكن الاستفادة من وقت الراحة والاسترخاء لقراءة المتعة والتسلية التي لا تتطلب كثيراً من التركيز وليست ذات أهمية كبرى.

ب- اختيار الوقت والمكان المناسب:

يجب اختيار الأوقات التي تناسب نوع القراءة؛ فالقراءة الثقافية والأكاديمية تتطلب أن يكون القارئ نشطاً كالصباح الباكر، وبعيداً عن الضوضاء والمقاطعات، وفي مكان تتوفر به التهوية والإضاءة المناسبة.

ج- تحديد مدة القراءة:

قبل الشروع بقراءة كتاب معين يجب تحديد طول الوقت المناسب لإكمال قراءة الكتاب؛ فوجود عامل الضغط له أثر نفسي في رفع مستوى وسرعة القراءة كنتيجة لتحديد الوقت.

وقد تتساءل عن مدى إمكانية تطبيق هذه المبادئ، ولكن قبل الإجابة عن هذا السؤال يجب أن نتذكر بأن النشاط البدني الرياضي يحتاج إلى التدريب والتمرين؛ لذا فإن القراءة السريعة من السهل جداً إتقانها، ولكن بالتطبيق والتدرج.

الفصل التاسع
التشتت والتركيز

أشتمل هذا الفصل على:

- 📖 مقدمة.
- 📖 التشتت.
- 📖 عوامل زيادة التركيز.
- 📖 العبارات المشجعة على التركيز.
- 📖 أساليب تحسين عملية التركيز.
- 📖 الاسترخاء.

الفصل التاسع

9

التشتت و التركيز

مقدمة:

التركيز Focusing:

هو أقصى درجات الانتباه، وهو القدرة على تجاهل كل ما يشتت الفكر ومتابعة الأمور المهمة فقط. والتركيز عكس التشتت. والتركيز عملية ليست سهلة نظراً لوجود مشتتات عديدة حول الإنسان سواء من المحيطين به أو من مؤثرات بيئية بمختلف أنواعها...

التشتت:

الحياة المعاصرة الآن مليئة بالمشتتات. سرعة الأحداث وكثرتها وتنوعها زادت في حياتنا في الوقت الحاضر. زيادة المعلومات وكثرتها وتنوع مصادرها وسهولة الحصول عليها في كثير من الأحيان أصبح سمة من سمات هذا العصر. التوقعات من قبل الآخرين تجاه الشخص زادت، تعدد الأدوار والصراع فيما بينها أحياناً زادت، تعدد المسئوليات وكثرتها زادت... في الوقت الحاضر. كل هذه الأمور تمثل مشكلة تشتت للإنسان.

ومن الأمثلة الأخرى للمشتتات الكثيرة التي تحيط بنا وتعوق عملية التركيز لدينا، نذكر:

1- الأصوات العالية الصادرة من المذياع أو التليفزيون.

2- الأصوات العالية الصادرة من وسائل النقل في الطرق والشوارع.

3- الضوضاء الصادرة من المحيطين بنا، والأحاديث الجانبية والثرثرة...

4- الأماكن المزدحمة بالناس، فعلى سبيل المثال في مكان العمل نجد العديد من الموظفين يجلسون في غرفة صغيرة واحدة، كذلك نجد العديد من العملاء في طوابير انتظاراً للحصول على الخدمة... كذلك في قاعة الدرس نجد أن الفصل يكتظ بأعداد كبيرة من التلاميذ أو الطلاب...

5- انشغال الإنسان بالقيام بأعمال عديدة في اليوم الواحد. فعلى سبيل المثال في الصباح يذهب إلى عمله، ثم يأخذ قسط من الراحة استعداداً لأن يذهب إلى عمل آخر، وفي بعض الأحيان يمارس بعض الناس عملاً ثالثاً في إجازة نهاية الأسبوع.

وهذا التشتت الذي هو سمة العصر له نتائج سلبية عديدة نذكر منها:

1- قلة التركيز لدى الإنسان.

2- زيادة معدل النسيان لدى الإنسان.

3- اضطرابات في النوم.

4- المعاناة من الصداع والصداع النصفي.

5- الشعور بالإجهاد والتعب بسرعة.

عوامل زيادة التركيز:

هناك عوامل تساعدك على زيادة تركيزك نذكر منها:

1- افعل شيء واحد في الوقت الواحد Do one thing at a time.

2- التفكير في شيء واحد بشكل كامل.

3- عدم السرعة في الانتقال من نقطة إلى أخرى.

4- عدم الانتقال من إحساس إلى آخر.

5- استبعاد العوامل الأخرى التي قد تؤدي إلى التشويش أو الإبهار أو التأثير التي يمكن أن تخرج من تركيزه.

6- نوعية المعلومات / المادة المطلوب معرفتها، فكلما كانت المعلومات/المادة سهلة وجذابة ومنظمة ومفيدة... كلما زاد التركيز لدى الإنسان.

7- كلما كان المرسل للمعلومات يتصف بصفات جديدة وإيجابية، كلما زاد التركيز لدى الإنسان.

8- كلما كانت فترة الحصول على المعلومات ليست طويلة من حيث الزمن، كلما زاد التركيز لدى الإنسان.

9- كلما كانت البيئة المادية (الطبيعية) المحيطة هادئة ومناسبة ودرجة الحرارة مناسبة والإضاءة مناسبة والمقاعد مريحة بالدرجة المعقولة... كلما زاد التركيز لدى الإنسان.

10- كلما كان هناك مشاركة وحوار في عملية الاتصال، أي أن الاتصال القائم في اتجاهين... كلما زاد التركيز لدى الإنسان.

11- كلما كان هناك حوافز على الحفظ والتعلم والفهم والاهتمام... كلما زاد التركيز لدى الإنسان.

12- كلما كان هناك فترات للراحة... كلما زاد التركيز لدى الإنسان.

13- كلما كان الموقف الانفعالي - إيجاباً أو سلباً - المصاحب للأحداث والخبرات والمعلومات... كلما زاد التركيز لدى الإنسان.

العبارات المشجعة على التركيز:

إذا أردت أن يعطي الناس لك تركيزهم. فاستخدم العبارات التالية. كذلك الإنسان يزداد اهتمامه وتركيزه إذا سمع العبارات التالية من الآخرين المحيطين به سواء في الحياة أو في بيئة العمل:

● عبارات التشجيع، والتقدير والامتنان.
● كلمات الشكر.
● عبارات القبول.
● عبارات التعاطف.
● عبارات التناغم.
● عبارات الألفة.
● عبارات المجاملة.
● المشاركة الوجدانية.
● التأييد والنصرة.
● كلمات تطمئن لها القلوب مثل: القرآن الكريم، والسنة النبوية الشريفة.

وتضيف وفاء محمد مصطفى عبارات أخرى هي:

● العبارات العفوية.
● الدعاء بالخير.

● الكلمات الإيجابية.
● عبارات التفاؤل.
● عبارات التحفيز، وشحذ الهمم.
● عبارات الاستحسان.
● عبارات الحب.
● عبارات الانسجام.
● أقوال مأثورة، وحكم، وأمثال، وشعر، وطرائف.

أساليب تحسين عملية التركيز:

هناك أساليب عديدة لتحسين عملية التركيز، نذكر منها:

1- تواجد نية التذكر.
2- عدم السرحان.
3- تقليل التشتت الفكري.
4- هدوء مكان المذاكرة أو مكان العمل.
5- ربط المعلومات الجديدة التي يرغب الإنسان في تذكرها بشيء معروف من قبل.
6- الاسترخاء.

وكمثال على هذه الأساليب سيتم شرح أسلوب الاسترخاء بشكل من التفصيل كالتالي:

الاسترخاء:

الاسترخاء أو Hypnosis هو علم العلاج بالإيحاء، وهو كما يشير أحمد البكري: يرجع إلى عهود قديمة مثل الهنود والمصريين. التنويم المغناطيسي الاسم الأكثر شهرة

لعملية الاسترخاء الواعي أو التنويم الإيحائي وهو الاسم العلمي والترجمة الصحيحة.

منطقة عمل مدارس التنويم التقليدي هي منطقة شرود الذهن. ويمكن تقسيم شرود الذهن إلى درجات أغلبها يظهر في حياتنا اليومية طبيعياً:

1- شرود خفيف وله ملامح مميزة مثل (الكسل، الاسترخاء، تخشب الجفن، تخشب مجموعة عضلية، مشاعر الثقل والطفو).

2- شرود متوسط وفيه ملامح مثل (تغير الطعم والرائحة، النسيان، فقد الألم، حركات غير إرادية، هلوسة جزئية).

3- شرود عميق وفيه ملامح (هلوسة سمعية وبصرية إيجابية، أفعال غريبة، فقد الإحساس).

ويعتمد التنويم الإيحائي على رغبة المحتاج لهذا النوع من التنويم، فإذا كانت هناك رغبة أصبح من السهل التنويم والعلاج، حيث إن التنويم الإيحائي يعتمد على الحالة النفسية كثيراً من ناحية الاقتناع.

فن الاسترخاء يعلمك كيف تريح عقلك، وبناء على ذلك تزيد من وعيك وتتعلم كيف تركز، كما أن الاسترخاء أسلوب انضباط فهو يدربك على تركيز انتباهك وبالتالي يحسن كفاءة تفكيرك. وهذا يعزز إدراكك وجميع قدراتك الذهنية وبمرور الوقت يصبح طريقة موثوقة للتفريق بين الواقع والخيال.

ولنجاح عملية الاسترخاء ابحث عن مكان هادئ ومريح ووقت لا تتعرض فيه لإزعاج، وتأكد من أن درجة حرارة المكان مناسبة، ويفضل الاستلقاء على الظهر مع إرخاء الكتفين والذراعين، ابدأ بعدد من الأنفاس العميقة، مع زفير بطئ، شد عضلات معينة من جسدك (في القدمين واليدين والبطن..) ثم إرخاؤها مع التكرار...

ويمكنك استخدام تكنيك الاسترخاء أثناء راحتك في العمل، أو أثناء انتظارك لمقابلة هامة، أو عندما تكون جالساً في اجتماع ممل، وفي أي وقت تحتاج فيه لأن تتخلص من التوتر.

وإليك بعض التغيرات الإيجابية التي ستلاحظها في حياتك بعد ممارسة الاسترخاء بشكل مستمر:

1- ستكون أكثر إيجابية.

2- ستكون أكثر نشاطاً وصحة وسعادة.

3- ستكون لديك مقدرة أعظم على مسايرة الحياة.

4- ستكون لديك زيادة في اليقظة العقلية.

5- ستفكر وتتصرف بشكل أكثر إبداعاً.

6- ستأكل وتنام وتحب بشكل أفضل.

7- ستكون أكثر تسامحاً.

مراجع الكتاب

أولاً: المصادر

1- القرآن الكريم.

2- الأحاديث النبوية الشريفة.

ثانياً: المراجع العربية

1- إبراهيم محمد المغازي: **الذكاء الاجتماعي والوجداني** (المنصورة: مكتبة جزيرة الورد، 2003).

2- إبراهيم وجيه محمود: **القدرات العقلية** (الإسكندرية: دار المعارف، 1986).

3- أحمد البكري: «ماهو الاسترخاء»؟، **مجلة التدريب والتقنية**، المؤسسة العامة للتعليم الفني والتدريب المهني، العدد 80، الرياض: شعبان 1426 هـ.

4- أحمد سيد مصطفى: **إدارة السلوك التنظيمي** (القاهرة: المؤلف، 2005).

5- أحمد عبد الخالق: **الأبعاد الأساسية للشخصية** (القاهرة: دار المعارف، ط2، 1983).

6- أحمد عبد العزيز النجار: **الإجهاد النفسي وضغوط العمل** (أبو ظبي: القيادة العامة لشركة أبو ظبي، 1994).

7- أحمد عزت راجح: **أصول علم النفس** (الإسكندرية: دار المعارف، 1977).

8- أحمد محمد عبد الخالق: **الأبعاد الأساسية للشخصية** (الإسكندرية: دار المعرفة الجامعية، 1987).

9- اديث واينر وأرنولد بروان: «الإنسان وبيئة العمل»، **خلاصات**، الشركة العربية للإعلام العلمي «شعاع»، السنة 3، العدد 3، القاهرة: فبراير 1995.

10- أرثور روشان: **دليلك للتعامل مع الضغط النفسي**، ترجمة أمينة التيتون (القاهرة: المجموعة العربية للتدريب والنشر، 2008).

11- أكرم رضا: **إدارة الذات** (القاهرة: 2003).

12- انتصار يونس: **السلوك الإنساني** (القاهرة: دار المعارف، 1986).

13- أنور الشرقاوي: **التعليم ـ نظريات وتطبيقات** (القاهرة: مكتبة الأنجلو المصرية، 2001).

14- أيمن عامر: **التفكير التحليلي** (الجيزة: مشروع الطرق المؤدية إلى التعليم العالي، كلية الهندسة، جامعة القاهرة، 2007).

15- أيمن محمد: **اعرف نفسك بنفسك** (الجيزة: مكتبة النافذة، 2008).

16- بميك: **البرنامج التدريبي مهارات التعامل مع الآخرين** (الجيزة: مركز الخبرات المهنية للإدارة، 2005).

17- بيت كوهين وسيسن كامينز: **تغيير العادات** (الرياض: مكتبة جرير، 2002).

18- جابر عبد الحميد جابر: **الذكاء ومقياسه** (القاهرة: دار النهضة العربية، 1984).

19- جاري ديسلر: **إدارة الموارد البشرية**، ترجمة محمد سيد أحمد عبد المتعال (الرياض: دار المريخ، 2003).

20- جون ب. كوتر: **قوة للتغيير**، الشركة العربية للإعلام العلمي «شعاع»، خلاصات، السنة 1، العدد 10، القاهرة: إبريل 1993.

21- جون سي ماكسويل: **لليوم أهميته** (الرياض: مكتبة جرير، 2006).

22- جون ماينر: **أربع شخصيات إدارية وخمس طرق للنجاح**، الشركة العربية للإعلام العلمي «شعاع»، خلاصات، السنة 5، العدد 10، القاهرة: مايو 1997.

23- جيرالد جرينبرج وروبرت بارون: **إدارة السلوك في المنظمات**، تعريب رفاعي محمد رفاعي وإسماعيل علي بسيوني (الرياض: دار المريخ، 2004).

24- جيلان بتلر وآخرون: **إدارة العقل** (الرياض: مكتبة جرير، 2002).

25- حامد عبد السلام زهران: **التوجيه والإرشاد النفسي**: (القاهرة: عالم الكتب، ط 2، 1980).

26- حامد عبد السلام زهران: **قاموس علم النفس** (القاهرة: عالم الكتب، 1987).

27- جيمس لوير: **نجاح رغم الضغوط**، الشركة العربية للإعلام العلمي «شعاع»، خلاصات، السنة 5، العدد 17، القاهرة: 1997.

28- جيني روجرز وعزيز لاسبر: **مهارات التأثير في الآخرين** (حلب: شعاع للنشر والعلوم، 2001).

29- حسن محمد خير الدين وآخرون: **العلوم السلوكية** (القاهرة: مكتبة عين شمس، 1995).

30- خبراء بميك: «تنمية القدرات على المعرفة والتفكير والإبداع»، **مجلة التدريب والتنمية**، مركز الخبرات المهنية للإدارة، العدد 5، الجيزة: إبريل ومايو ويونيه 1998.

31- خليل ميخائيل عوض: **القدرات العقلية** (القاهرة: دار المعارف، 1980).

32- دانيال جولمان: **الذكاء العاطفي**، ترجمة ليلى الجبالي، المجلس الوطني للثقافة والفنون والآداب، سلسلة عالم المعرفة، العدد 262، الكويت: أكتوبر 2000.

33- دونالد ج. مورتنس وآلن م. شمولر: **التوجيه التربوي في المدارس الحديثة** (غزة: دار الكتاب الجامعي، 2005).

34- ديفيد ويكس: **المخ البشري**، ترجمة مصطفى كمال (دبي: منشورات مؤسسة البيان للصحافة، بدون تاريخ).

35- ديل كارنيجي: **كيف تكسب الأصدقاء**، تعريب عبد المنعم محمد الزيادي (القاهرة: مكتبة الخانجي، 1999).

36- رمضان مسعد بدوي: «اكتشف جوانب الذكاء والموهبة»، **مجلة خطوة**، المجلس العربي للطفولة والتنمية، العدد 21، القاهرة: 2003.

37- روبرت كيلي: **كيف تصبح نجماً لامعاً في العمل**، الشركة العربية للإعلام العلمي «شعاع»، خلاصات، السنة 6، العدد 15، القاهرة: أغسطس 1998.

38- روزابيث موس كانتر: **الثقة**، خلاصات، الشركة العربية للإعلام العلمي «شعاع»، العدد 290، القاهرة: يناير 2005.

39- سامي عبد القوي: **علم النفس الفسيولوجي** (القاهرة: مكتبة النهضة المصرية، 1985).

40- ستيفن كوفي: **العادات السبع للناس الأكثر فعالية** (الرياض: مكتبة جرير، 2004).

41- سعد الدين خليل عبد الله: **تنمية القدرات الإبداعية** (دمياط: دولارس للآداب والفنون والإعلام، ط2، 2005).

42- سلسلة الإدارة المثلى: **الحفز لأداء أمثل** (بيروت: مكتبة لبنان، 2001).

43- سوزان سلفر: **النظام كأفضل ما يكون**، الشركة العربية للإعلام العلمي «شعاع»، خلاصات، السنة 4، العدد 12، القاهرة: يونيو 1996.

44- سيد الهواري: **الإدارة، الأصول والأسس العلمية للقرن 21** (القاهرة: مكتبة عين شمس، ط12، 2000).

45- شعبان عبد العزيز عفيفي: «ليس بالذكاء وحده»، **جريدة الأهرام**، القاهرة: 2004.

46- صفاء الأعسر وعلاء الدين كفافي: **الذكاء الوجداني** (القاهرة: دار قباء للنشر، 2000).

47- صموائيل سبيرت: **قوة تقدير الذات**، عرض معهد الإدارة والتكنولوجيا بشركة المقاولون العرب، القاهرة: 2000.

48- طريف شوقي فرج: **توكيد الذات**، مدخل لتنمية الكفاءة الشخصية (القاهرة: دار غريب، 1998).

49- طلعت منصور وآخرون: أسس **علم النفس العام** (القاهر: مكتبة الأنجلو المصرية، 1989).

50- عبد الرحمن توفيق: **المهارات السبع للنجاح** (القاهرة: مركز الخبرات المهنية للإدارة «بميك»، 2004).

51- عبد الستار إبراهيم ورضوى إبراهيم: **علم النفس أسسه ومعالم دراساته** (الرياض: دار العلوم للطباعة والنشر، ط3، 2003).

52- عبد المجيد أحمد منصور وزكريا أحمد الشربيني: **الشباب بين صراع الأجيال المعاصر والهدي الإسلامي** (القاهرة: دار الفكر العربي، 2005).

53- عثمان لبيب فراج: **الشخصية والصحة العقلية** (القاهرة: دار النهضة العربية، 1970).

54- عثمان محمود خضر: «الذكاء الوجداني.. هل هو مفهوم جديد؟»، **مجلة دراسات نفسية**، المجلد 12، العدد 1، القاهرة: يناير 2002.

55- علي السلمي: **السلوك الإنساني في الإدارة** (القاهرة: مكتبة غريب، بدون تاريخ).

56- علي السلمي: **إدارة التميز** (القاهرة: مكتبة غريب، 2002).

57- علي السلمي: **إدارة السلوك الإنساني** (القاهرة: مكتبة غريب، 1997).

58- علي عبد الوهاب: **السلوك الإنساني في الإدارة** (القاهرة: مكتبة عين شمس، 1976).

59- علي عبد الوهاب وآخرون: **إدارة الموارد البشرية** (القاهرة: كلية التجارة، جامعة عين شمس، 2001).

60- عمرو حسن أحمد بدران: **كيف تبني ثقتك بنفسك؟** (المنصورة: مكتبة جزيرة الورد، 2005).

61- عمرو حسن أحمد بدران: **كيف تحقق ذاتك؟** (المنصورة: مكتبة جزيرة الورد، 2006).

62- عمرو حسن أحمد بدران: **كيف ترتقي بنفسك؟** (المنصورة: مكتبة جزيرة الورد، 2005).

63- فايزة السيد محمد عوض: **الاتجاهات الحديثة في تعليم القراءة** (القاهرة: إيتراك للطباعة والنشر، 2003).

64- فؤاد أبو حطب: **القدرات العقلية** (القاهرة: مكتبة الأنجلو المصرية، 1996).

65- فؤاد أسعد عطية: **قياس وتحسين الأداء البشري** (الجيزة: المؤلف، 2006).

66- فاروق عبد الفتاح: **اختبار الذكاء الوجداني** (القاهرة: مكتبة النهضة المصرية، 2001).

67- كامل على متولي: **السلوك الإنساني في منظمات الأعمال والخدمات** (القاهرة: دار الثقافة العربية، 1994).

68- كرستين تمبل: **المخ البشري**، ترجمة عاطف أحمد، سلسلة عالم المعرفة، الكويت: نوفمبر، 2002.

69- كيري جليسون: **برنامج الكفاءة الشخصية**، ترجمة نواف الضامن (الرياض: دار المعرفة للتنمية البشرية، 2003).

70- ليلى محمد صلاح مازن: «التذكر والنسيان»، في حسن محمد خير الدين وآخرون: **العلوم السلوكية** (القاهرة: مكتبة عين شمس، 2000).

71- مجمع اللغة العربية: **المعجم الوجيز** (القاهرة: دار التحرير للطبع والنشر، 1980).

72- محمد أبو العلا أحمد: **علم النفس العام** (القاهرة: مكتبة عين شمس، 1996).

73- محمد أحمد هيكل: **مهارات التعامل مع الناس** (القاهرة: مجموعة النيل العربية، 2006).

74- محمد جهاد جمل: **العمليات الذهنية ومهارات التفكير** (العين: دار الكتاب الجامعي، 2005).

75- محمد سري: **المخ وأسراره** (القاهرة: إيتراك للطباعة والنشر والتوزيع، 2001).

76- محمد عبد الغني هلال: **مهارات تشغيل وصيانة العقول البشرية** (القاهرة: مركز تطوير الأداء والتنمية، 2003).

77- محمد عبد الغني هلال: **البرمجة اللغوية العصبية** (القاهرة: مركز تطوير الأداء والتنمية، 2005).

78- محمد عماد الدين إسماعيل وسيد عبد الحميد مرسي: **مقياس الذكاء الاجتماعي** (القاهرة: دار النهضة المصرية، 1955).

79- محمد قاسم عبد الله: **سيكولوجية الذاكرة، قضايا واتجاهات حديثة**، سلسلة عالم المعرفة، الكويت: فبراير 2003.

80- محمد نبيل كاظم: **كيف تحدد أهدافك على طريق نجاحك؟** (القاهرة: مكتبة دار السلام، 2006).

81- محمود منسي: **التعلم ـ المفهوم ـ النماذج ـ التطبيقات** (القاهرة: مكتبة الأنجلو المصرية، 2003).

82- مدحت محمد أبو النصر: «إدارة الذات: المفهوم والأهمية والمحاور»، ورشة العمل وملتقى **كيف تدير ذاتك لتستطيع إدارة الآخرين**، الاستشاريون لتنمية الموارد البشرية، القاهرة: 9- 8 يناير 2007.

83- مدحت محمد أبو النصر: **الخدمة الاجتماعية الوقائية** (دبي: دار القلم، 1996).

84- مدحت محمد أبو النصر: **اكتشف شخصيتك وتعرف على مهاراتك في الحياة والعمل** (القاهرة: إيتراك للطباعة والنشر والتوزيع، 2002).

85- مدحت محمد أبو النصر: **تنمية القدرات الابتكارية لدى الفرد والمنظمة** (القاهرة: مجموعة النيل العربية، 2004).

86- مدحت محمد أبو النصر: **الإعاقة العقلية** (القاهرة: مجموعة النيل العربية، 2005).

87- مدحت محمد أبو النصر: **الإعاقة النفسية** (القاهرة: مجموعة النيل العربية، 2005).

88- مدحت محمد أبو النصر: **البرمجة اللغوية العصبية** (القاهرة: مجموعة النيل العربية، 2006).

89- مدحت محمد أبو النصر: **الاتجاهات المعاصرة في تنمية وإدارة الموارد البشرية** (القاهرة: مجموعة النيل العربية، 2007).

90- مدحت محمد أبو النصر: **لغة الجسم** (القاهرة: مجموعة النيل العربية، 2007).

91- مدحت محمد أبو النصر: **الإدارة بالحب والمرح** (القاهرة: إيتراك للطباعة والنشر والتوزيع، 2007).

92- مدحت محمد أبو النصر: **أساسيات علم ومهنة الإدارة** (القاهرة: مكتبة دار السلام، 2007).

93- مدحت محمد أبو النصر: **تنمية الذكاء العاطفي/الوجداني** (القاهرة: دار الفجر للنشر والتوزيع، 2008).

94- مدحت محمد أبو النصر: **مشكلة تعاطي وإدمان المخدرات** (الجيزة: الدار العالمية للنشر والتوزيع، 2008).

95- مدحت محمد أبو النصر: **إدارة الذات** (القاهرة: دار الفجر للنشر والتوزيع، 2008).

96- مدحت محمد أبو النصر: **قمة الأداء الإداري المتميز** (القاهرة: المجموعة العربية للتدريب والنشر، 2009).

97- مدحت محمد أبو النصر: **استراتيجية العقل** (القاهرة: الدار الأكاديمية للعلوم، 2009).

98- مصطفى شكيب: **نظرية الذاكرة والذكاء** (القاهرة: دار غرب للطباعة والنشر، 2008).

99- ممدوح محمد سلامة: **مقدمة في علم النفس** (القاهرة: دار النصر للتوزيع والنشر، 2002).

100- منير البعلبكي: **المورد، قاموس إنجليزي عربي** (بيروت: دار العلم للملايين، 2007).

101- ناصر العديلي: **السلوك الإنساني والتنظيم** (الرياض: معهد الإدارة العامة، 1995).

102- نبيل عشوش: **السلوك الإنساني والتنظيمي في الإدارة** (الجيزة: أكاديمية الفراعنة، 2006).

103- نبيه إبراهيم إسماعيل: **عوامل الصحة النفسية السليمة** (القاهرة: إيتراك للطباعة والنشر والتوزيع، 2001).

104- نجيبة الخضري: **مقدمة في الصحة النفسية** (القاهرة: دار المعرفة، 2000).

105- نيفيل ليك: **المرشد العملي في التخطيط الاستراتيجي**، ترجمة هدى فؤاد (القاهرة: مجموعة النيل العربية، 2008).

106- هاري ألدر وبيريل هيندر: **البرمجة اللغوية العصبية في 21 يوماً** (الرياض: مكتبة جرير، ط4، 2004).

107- هندري ويزنجر: **الذكاء العاطفي (الفطري) وتطبيقاته في بيئة العمل**، الشركة العربية للإعلام العربي «شعاع»، خلاصات، السنة 8، العدد 9، القاهرة: مايو 2000.

108- هوارد جاردنر: «رعاية التباين في الذكاء بتقديم التعليم المناسب»، ترجمة محمد العقدة، **مجلة مستقبليات**، المجلد 27، العدد 3، 1997.

109- هوارد جاردنر: **الذكاء المتعدد في القرن الحادي والعشرين** (القاهرة: دار الفجر للنشر والتوزيع، 2005).

110- و. جاك دنكان: **أفكار عظيمة في الإدارة**، ترجمة محمد الحديدي (القاهرة: الدار الدولية للنشر والتوزيع، 1991).

111- وزارة الأوقاف والشئون الإسلامية: **تفسير وبيان مفردات القرآن الكريم** (الكويت: دار الرشيد، بدون تاريخ).

112- وفاء محمد مصطفى: **حقق أحلامك بقوة تفكيرك الإيجابي** (بيروت: دار ابن حزم، 2004).

113- يوسف أسعد: **الشخصية المحبوبة** (القاهرة: نهضة مصر للطباعة والنشر والتوزيع، 1990).

ثالثاً: المراجع الأجنبية:

1- Abraham H. Maslow: **Motivation and Personality** (N.Y.: Harper of Row, 2nd. ed. 1970).

2- Alvin Toffer: **Future Shock** (N.Y.: Bantam Books, 1970).

3- Alvin Toffer: **The Third Wave** (N.Y.: Bantam Books, 1990).

4- Alvin Toffer: **Power Shift** (N.Y.: Bantam Books, 1991).

5- Andrew Dubrin: **Applying Psychology: Individual and Organization Effectiveness** (U.S.A.: Prentice Hall, 3rd. ed., 2002).

6- Arthur Van Gundy: **Creative Problem Solving** (N.Y.: Qurorum, 1987).

7-   Aubrey C. Daniels: **Bringing Out The Best in People,** (California: Mc. Graw Hill, 2002).

8-   Aung Tun Thet: **Leading With Emotional Intelligence** (Turin, Italy: United Nations System Staff College, 2006).

9-   Bandrura A.: **Principles of Behavior Modification** (N.Y.: Free Press, 2002).

10-   B. Schwartz & D. Reisberg: **Learning and Memory** N.Y.: Norton, 1991).

11-   C.V. Good: **Dictionary of Education** (N.Y.: MC. Grow Hill, 3rd. ed., (1993).

12-   Carol H. Meyer: **Social Work Practice** (N.Y.: Free Press, 1976).

13-   Christine Temple: **The Braine** (England: Penguin, 1993).

14-   Crane Briton: **The Shaping of Modern Mind** (N.Y.: Free Press, 1983).

15-   D. Schultz: **Theories of Personality** (California: Brooks Publishing Co,, 5th. ed., 2005).

16-   Danial Goleman: **Emotional Intelligence** (? : ? , 1995).

17-   David Lascelles & Roy Peacock: **Self-Assessment for Business Excellence** (N.Y.: 1997).

18-   Dean R. Spitzer: **Super Motivation** (N.Y.: AMACOM, 1995).

19-   Donald Weiss: **Get Organization How to Control Your Life Through Self Management** (N.Y.: AMACOM, 1995).

20-   Edith Weiner & Arnold Brown: **Office Biology** (N.Y.: Master Media Ltd., 1993).

21-   E.R. Hilgard & Others: **Introduction to Psychology** (N.Y.: Harcourt Barce Jouanovich Inc., 7th. ed., (1979).

22-   Erik H. Erikson: **The Life Cycle Completed: A Review** (N.Y.: W.W. Norton &Co., 1982).

23-   Erik H. Erikson: **Identity of the Life Cycle** (N.Y.: W.W. Norton & Co., 1980).

24-   F. Miller: "Dealing With Feelings", **New State Man,** Vol. 126, Issue 4340, 1997.

25- Gordon Walles: **How to Communicate?** (London: MC-Graw Hill, 2005).

26- Gray Dessler: **Human Resources Management** (Virginia: Reston Publishing Co., 1989) & (N.J.: Prentice Hall Int. Inc., 7th. Ed., 1997).

27- Hary Alder & Beryl Heaher: **NLP in 21 Days** (London: Judy Piatkus Publishers, 1999).

28- Hendrie Weisinger: **Emotional Intelligence at Work** (San Francisco: Jossey – Bass, 1998).

29- H.S. Friedman: **Personality** (N.Y.: Harper Publishers, 2nd. ed., 2002).

30- Ibrahim El Fiky: **12 Keys of Highly Successful Managers** (Canada: Masters Press, 2001).

31- James Belasco: **Teaching The Elephant To Dance Empowering Change in Your Organization** (N.Y. Crown Publishers, Inc., 1990).

32- James E. Loehr: **Stress for Success** (N.Y.: Times Business, 1977).

33- James L. Gibson and Others: **Organizations: Behaviour, Structure & Process** (U.S.A.: Business Publication Inc., 3rd. ed., 1970).

34- J. Anderson: **Problem Solving and Learning.** (N.Y.: Free Press, 2007).

35- Jerald Greenberg &Robert A. Bron: **Behavior in Organizations** (N.J.: Prentice Hall, 2000).

36- Jim Harris: **Getting Employees to Fall in Love with Your Company** (N.Y.: AMACOM, 1996).

37- John B. Miner: **The 4 Routes to Entrepreneurial Success** (Francisco: Barrett – Koehler Publisher, 1993).

38- John Mayers & Peter Salovey: **Emotional Intelligence** (N.Y.: Prentice Hall, 1989).

39- John P. Kotter: **A Force for Change** (N.Y.: The Free Press, 1990).

40- John S. Oakland: **Total Organizational Excellence** (Oxford: Butterworth Ltd., 2001).

41- Joseph Anderson: **Social Work Methods and Processes** (Belmont: Wordswoth Publishing Co., 1981).

42-   Kate Hesk: **Leading With Emotional Intelligence** (U.K.: Starr Performance Co., 2006).

43-   Laranine E. Flemming: **Reading for Thinking** (N.Y.: Houghton Miflin Co., 5th. ed., 2006).

44-   Lee Richardson (edr.): **Dimensions of Communication** (N.Y.: Meredith Corporation, 4th. ed., 2000).

45-   Lrvin Jains: **Psychological Stress** (N.Y.:l Academic Press, 1974).

46-   Max Siporin: **Introduction to Social Work** (N.Y.: Macmillan Publication Co., Inc., 1972).

47-   Marcus Buckingham: **Go Put Your Strength to Work** (London: Simon & Schuster, 2007).

48-   Oxford: **English Reader's Dictionary** (Oxford: 2006).

49-   P. Slovey, C.K. Hsee & J.D. Mayer: "Emotional Intelligence", in Wegner. D.M. Pennebker, J.W. et. Al. (edrs.): **Handbook of Mental Control** (N.J.: Prentice Hall, 1993).

50-   R.K. Cooper: "Applying Emotional Intelligence in the Work Place", **Training & Development,** Vol. 51, Issue 12, 1997.

51-   Robert Greene: **The 48 Laws of Power** (New Delhi: Viva Books, 2008).

52-   Robert H. Rosen & Paul B. Brown: **Leading People, The Eight Proven Principles for Success in Business** (U.S.A.: Penguin Group Inc., 2nd. Ed., 2000).

53-   Robert K. Cooper & Ayman Sawaf: **Executive EQ: Emotional Intelligence in Leadership and Organizations** (N.y. Berkley Publishing Group, 1996).

54-   Robert Thomson: **The Psychology of Thinking** (England: Penguin Books 1992).

55-   Scott Adams: **Positive Attitude** (Missouri: Dilbert Book, 2007).

56-   Shaber Adel Hamid Soliman: **Systems and Creative Thinking** (Giza: Faculty of Engineering, Cairo University, 2005).

57- Stephen R. Covey & Rebecca R. Merrill: **The Speed of Trust** (London: Simon & Schuster, 2006).

58- Stephen R. Covey: **The 7th. Habits of Highly Effective People, Powerful Lessons in Personal Change** (London: Pocket Books, 1989, 2004).

59- Stephen R. Covey: **The 8th. Habit from Effectiveness to Greatness** (London: Simon & Schuster, 2004).

60- S. Turner & et. al.: **Handbook of Clinical Behavior Therapy** (N.Y.: John Wiley & Sons, Inc., 1992).

61- Sue Knight: **NLP at Work** (London: Nicholas Brealey Publishing, 2002).

62- Susan Sliver: **Organized To Be The Best** (Los Angles, CA: Adams - Hall Publishing, 1994).

63- T. Armstrong: **Multiple Intelligences in the Classroom** (Arlington: ASCD, 2ed. ed., 2000).

64- Thomas S. Bateman & Carl P. Zeithaml: **Management** (Boston: IRWIN, 1990).

65- Tony Buzan: **Make The Most of Your Mind** (Kent: PLC, 1988).

66- **Webesters New World Dictionary** (N.Y.: World Books, 2006).

67- Wendell French & Cecil Bell: **Organization Development** (N.Y.: Prentice - Hall, Inc., 5th. ed., 1995).

68- Werner Severin & James Tankard: **Communication Theories** (N.Y.: Longman, 4th. ed., 2003).